Impressum

Die Deutsche Bibliothek · CIP-Einheitsaufnahme

Neuhaus-Becker, Annette:
Schöne Parks und Gärten :
der Regional-Freizeitführer /
von Annette Neuhaus-Becker
und Holger Klaes. –
Bottrop ; Essen : Pomp, 2000
(Ausflugsziele am Niederrhein)
ISBN 3-89355-215-4

Alle Daten und Fakten in diesem Buch sind mit größter Sorgfalt recherchiert und nach dem Stand Juli 2000 zusammengestellt worden. Aber vor allem Öffnungszeiten und Preise werden häufig verändert. Sollten Angaben falsch sein, so bedauern wir das und wären dankbar für eine Mitteilung. Verlag und Autorin können weder Gewähr noch Haftung übernehmen.

Texte:
Annette Neuhaus-Becker

Fotos:
Holger Klaes

Lektorat: Redaktionsbüro
E. Manzke, Essen

Karten:
Computerkartographie Carrle, München

Gestaltungskonzeption:
Gregor Spohr

Lithographie:
Repro Wuchert Computer Publishing GmbH, Bochum

Herstellung:
Druckerei und Verlag
Peter Pomp GmbH, Bottrop

Titel: Tiergarten, Kleve

Vorsatz: Kröller-Müller-Museum, Otterlo

ISBN 3-89355-215-4

Autoren

Annette Neuhaus-Becker
lebt seit sieben Jahren in der Region. Als Kunsthistorikerin arbeitet sie bei einer niederrheinischen Kulturinitiative. Ihre Beiträge erschienen bisher in Katalogen und Zeitschriften.

Holger Klaes
ist gebürtiger Wuppertaler und seit 1987 als freiberuflicher Fotograf tätig. Seine Fotos werden in zahlreichen Bildbänden, Kalendern und Zeitschriften veröffentlicht. Für die Reihe „Ausflugsziele ..." fotografierte er Schlösser, Burgen, Kirchen und Wasserburgen im Bergischen Land, im Westerwald, im Münsterland und in der Eifel.

Ausflugsziele am Niederrhein

Schöne Parks und Gärten

Der Regional-Freizeitführer

von

Annette Neuhaus-Becker

und

Holger Klaes

POMP

Inhalt

Vorwort

„Gott der Allmächtige pflanzte zuerst einen Garten und in der Tat ist dies die reinste aller menschlichen Freuden: Es ist die größte Erfrischung für den Geist des Menschen, ohne welchen alle Gebäude und Paläste nur rohe Machwerke sind; und man wird stets finden, dass die Menschen mit dem Fortschritt der Jahrhunderte zur Bildung und Verfeinerung zuvor prachtvolle Bauten aufführen, ehe sie schöne Gärten anlegen, als ob der Garten eine höhere Entwicklungsstufe wäre." (Francis Bacon, 1597)

In kaum einer anderen europäischen Region hat sich eine vergleichbare Kunst des Gartenbaus entwickelt wie am Niederrhein. In stilvoll angelegten Gärten und bewusst gestalteten Parks treten Kultur und Natur miteinander in ein spannungsreiches Wechselspiel. Bedeutende Gartenbaumeister, besonders der Hofgärtner Maximilian Friedrich Weyhe, haben durch die Zeitgeschichte hindurch ihre Spuren am Niederrhein hinterlassen. Zahlreiche historische und zeitgemäße Anlagen von Kleve bis Mönchengladbach, von Nettetal bis Duisburg zeugen von der Bedeutung dieser Region.

Vom Kräutergarten am Museum Schloss Moyland bis hin zu großzügigen Anlagen mit Waldcharakter, vom strenglinigen barocken Garten in Kleve zu den geschwungenen Formen der landschaftsähnlichen englischen Anlagen des 18. und 19. Jahrhunderts von Schloss Dyck oder Schloss Moers, von repräsentativen Fürstengärten bei Schloss Benrath in Düsseldorf bis hin zum Bürgerpark in Neuss, vom Botanischen Garten in Krefeld bis hin zur künstlerisch gestalteten Anlage am Duisburger Innenhafen: Die Kunst- und Kulturgeschichte spiegelt sich in den Parks und Gärten gleich vor unserer Haustür wider.

Die vorgestellten Anlagen können nur einen Teil der reichhaltigen und vielgestaltigen Gartenkultur am Niederrhein aufzeigen. Ein Blick über die Grenze stellt die Schlossgärten Arcen, das Kröller-Müller-Museum und den Nationalpark De Hoge Veluwe in den Niederlanden vor. Der Führer will neugierig machen und dazu einladen, „Schöne Parks und Gärten" am Niederrhein kennen zu lernen, zu erwandern und zu erkunden. Viel Spaß dabei!

Annette Neuhaus-Becker

1 Parkanlage Schloss Moyland

Auf den Pfaden von Voltaire und König Friedrich III.

Schloss Moyland ist als Ort der Begegnung dieser bedeutenden Männer in die Geschichte eingegangen. Architektonisch zählt es zu den bedeutendsten mittelalterlichen Kastellen des Rheinlands und ist zugleich, bedingt durch seine Umgestaltung im 19. Jahrhundert, eines der wichtigsten neugotischen Schlösser. Seit der Restaurierung und Eröffnung der Stiftung Schloss Moyland im Frühjahr 1997 beherbergt es die Kunstsammlung der Brüder van der Grinten mit wichtigen Arbeiten von Joseph Beuys.
Die das Schloss umgebende Parkanlage konnte anhand von historischem Quellenmaterial sowie alten Fotografien in ihren Zustand um 1900 rekonstruiert werden.
Als Gegenbewegung zum Landschaftsgarten entstand zu Beginn des 20. Jahrhunderts der so genannte Architektonische Garten, der die strengen geometrischen Strukturen des Renaissance- und Barockparks aufgreift. Im Garten um Schloss Moyland trifft man auf eine Anlage im „Gemischten Stil", bei der Elemente beider Richtungen zu einer Einheit zusammengeführt werden.
Mit dem Wiederaufbau des Schlosses wurde der Ausstellungsraum der Stiftung in die Natur erweitert und Skulpturen der Sammlung wurden auf dem Gelände aufgestellt.
Der 1999 neu angelegte Kräutergarten mitsamt der zugehörigen Kräuterey erstreckt sich neben dem Wassergraben westlich vom Schloss über eine Fläche von 1.600 Quadratmetern. Bei der Wahl des Ortes handelt es sich jedoch nicht um eine Anlehnung an historische Vorlagen. Auf dem Hauptbeet wurden zunächst 162 verschiedene Kräuter gepflanzt, die nach und nach auf mehr als 800 Arten erweitert werden sollen. Der Pflanzplan reicht von Beeten nach Angaben der Kräuterkundigen Hildegard von Bingen und Anna von Wickede bis hin zu Hexen- und Teufelskräutern sowie Beeten für Duft- und Liebespflanzen. Interessiert?

Unsere Tipps

- Alle im Garten vertretenen Kräuter sind in der im Kassenhaus von Museum Schloss Moyland untergebrachten Kräuterey zu erwerben. Außerdem werden Kräutertees, -liköre, -marmeladen, -bücher und vieles mehr angeboten.
- An der Uerdinger Straße im Ortsteil Hau liegt das Grabmal des Prinzen Moritz von Nassau, das um 1678 für den ehemaligen Statthalter von Kleve errichtet wurde. Die halbrunde Grabanlage wurde mit römischen Funden ausgestattet, die heute durch Kopien ersetzt sind.
- Die durch Gräben und Wälle befestigte Wasserburg Haus Eyl (1341) im Ortsteil Huisberden und der Herrensitz Haus Rosendal (1433) in Hasselt befinden sich in Privatbesitz.

Parkanlage Schloss Moyland, Am Schloss 4, Bedburg-Hau, Tel. (0 28 24) 95 10 60, Öffnungszeiten: vom 1. April bis 31. Oktober, Di bis Fr 10–18 Uhr, Sa und So 10–19 Uhr, vom 1. November bis 31. März, Di bis So 10–17 Uhr, Eintrittspreise für Museum, Park und Kräuterey: Erwachsene 10 DM, Kinder 6 DM

Mit der Buslinie 44 ab Xanten oder Kleve.

Gut ausgebautes Radwegnetz, an der NiederRheinroute.

Schöne Wanderwege: E 8, X 2 und X 7.

ArToll-Kunstlabor e.V. Haus 6, Zur Mulde 10, Ortsteil Hau, Tel. (0 28 21) 81 15 00, Öffnungszeiten und Führungen nach Absprache.

Selbstbedienungscafé Nederkorn mit Terrasse, im Schloss Moyland, Tel. (0 28 24) 95 10 35, gleiche Öffnungszeiten.

Zur Alten Post, mit Biergarten, Moyländer Allee 16, Bedburg-Hau, Tel. (0 28 24) 86 00, Di bis So ab 10.30 Uhr.

☞ Ein Flug mit dem Heißluftballon? Hot Air Balloon macht's möglich: Sommerlandstr. 56, Bedburg-Hau, Tel. (0 28 24) 62 70 66.

☞ Stadtinformation, Kalkarer Str. 19, Bedburg-Hau, Tel. (0 28 21) 6 60 53.

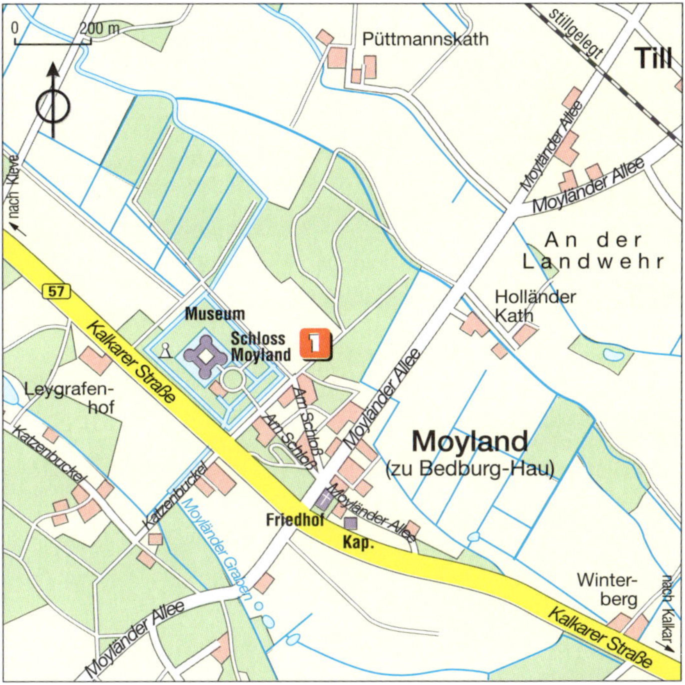

2

Erholung mitten im Stadtzentrum

Unter der französischen Besetzung hatte Düsseldorf stark gelitten, doch bereits 1801 wurde der Grundstein zu einem Stadtausbau gelegt. Entscheidend wurde in dieser Zeit das Stadtbild durch zwei Personen geprägt, durch den Architekten Adolf von Vagedes und den Gartenbaumeister Maximilian Friedrich Weyhe. Auf dem Terrain der geschleiften Festungsanlagen entstanden Straßen mit repräsentativen Gebäuden wie die Königsallee.

Der alte Hofgarten von Schloss Jägerhof, der von der Hofgartenstraße und der Düssel begrenzt wird, gilt als Kernbereich des heutigen Parks. Kurfürst Karl Theodor hatte den alten Garten nicht als private Anlage, sondern als öffentlichen Park um 1770 von Nicolas de Pigage anlegen lassen. Von der regelmäßig anmutenden Barockanlage blieben nur Reit- und Seufzerallee erhalten. Zwischen dem alten Hofgarten und dem Ratinger Tor schuf Weyhe, einer der bekanntesten Gartenarchitekten seiner Zeit in Deutschland, ab 1811 den neuen Hofgarten nach englischen Vorbildern. Die Landschaft ist nur vordergründig naturbelassen. Derartige Anlagen basieren auf genauen Planungen. Der plötzliche Wechsel von verstellten Blickachsen und offenen Ausblicken verschafft Überraschungsmomente; der Landschaftsraum wird noch vielfältiger gestaltet als im barocken Garten.

In den neuen Hofgarten wurden auch die alten Wallanlagen der Stadt mit einbezogen. Durch geschickte Bodenmodellierung und mit Hilfe von Baumgruppen, Wiesen und einem Teich vermittelt die viel besuchte Parkanlage heute den Eindruck von Weite und Großzügigkeit über ihre 27 Hektar hinaus.

Unsere Tipps

- Da Zentrum und Altstadt in unmittelbarer Nähe liegen, soll an dieser Stelle nicht detailliert auf kulinarische und kulturelle Highlights hingewiesen werden. Bei der großen Auswahl empfiehlt es sich, selber zu testen.
- Interessante Ausstellungen bieten die Düsseldorfer Kunsthalle, Tel. (02 11) 32 70 23, und die Kunstsammlung NRW, Tel. (02 11) 13 39 61, Öffnungszeiten: Di bis So 11–18 Uhr, beide finden Sie am Grabbeplatz.
- Die benachbarte Königsallee ist eine der bekanntesten Flanier- und Einkaufsstraßen Deutschlands.
- Südlich vom Schloss Jägerhof liegt das traditionelle Lokal der Düsseldorfer Künstler: der Malkasten.

Hofgarten, Maximilian-Weyhe-Allee, Düsseldorf, öffentliche Parkanlage, frei zugänglich, Eintritt frei

Viele Straßen- und U-Bahnlinien fahren vom Hbf. in die Innenstadt, die S-Bahn-Haltestelle Heinrich-Heine-Platz lässt noch einen Gang durch die Altstadt zu.

Goethe-Museum, Schloss Jägerhof, Jacobistr. 2,
Tel. (02 11) 8 99 62 62, Öffnungszeiten: Di bis Fr und So 10–17 Uhr, Sa 13–17 Uhr.

Theatermuseum, Dumont-Lindemann-Archiv, Jägerhofstr. 1,
Tel. (02 11) 8 99 61 30, Di bis So 11–17 Uhr geöffnet.

☞ Botanischer Garten der Heinrich-Heine-Universität, Universitätsstr. 1, Düsseldorf, Tel. (02) 8 11 24 77. Attraktion des 1973 gegründeten Botanischen Gartens ist das Kuppelgewächshaus mit einer Höhe von 18 m und einem Durchmesser von 36 m mit mediterranen Pflanzen; Führungen werden angeboten.

☞ Stadtinformation, Konrad-Adenauer-Platz, gegenüber vom Hbf., Tel. (02 11) 17 20 20.

3

3 Schlosspark Benrath

Fürstliche Parkanlage mit Lustschloss

Kurfürst Karl Theodor von Pfalz-Sulzbach sparte keine Kosten beim Neubau des Benrather Schlosses: die alte barocke Anlage ließ er abreißen, um dort in den Jahren 1755–73 ein neues Lustschloss zu erbauen. Inmitten einer großen Parkanlage schuf der Architekt Nicolas de Pigage nach französischem Vorbild ein Rokokoschloss, dessen Hauptbau und Seitenflügel sich heute im vorgelagerten Teich spiegeln. Der Neubau schloss die Umgestaltung des hinter dem Anwesen liegenden Tiergartens mit ein.
Als Gesamtkunstwerk ergänzen sich Architektur, Garten- und Wasserwerk und bilden gemeinsame Bezugspunkte. Die Ausrichtung des umgebenden Geländes auf das Schloss als Zentrum, auf das alle Achsen zulaufen, ist gestaltgewordene Veranschaulichung des politischen Absolutismus jener Zeit. Entsprechend der getrennten architektonischen Bereiche des Kurfürsten und seiner Frau führen an den seitlichen Achsen des Schlosses Stufen in den „Jardin de l'Electeure" und den „Jardin de l'Electrice", heute „Englischer" und „Französischer" Garten.
Der Park ist dem Zeitgeist entsprechend streng gestaltet: Aus dem ehemals unstrukturierten Tiergarten wurde ein gegliederter Jagdgarten mit sternförmig von einem Rondell ausgehenden Alleen. Höhepunkte der Gestaltung waren die Wasserflächen. Auf den Kanälen ließ man sich im 18. Jahrhundert durch den Park spazieren fahren.
Von der streng gegliederten Gartenanlage kann man nach der Umgestaltung im englischen Stil durch Maximilian Friedrich Weyhe im Jahr 1841 nur noch die großen Achsen erkennen.
Park- und Schlossanlage gelten als so bedeutungsvoll, dass auch sie in die UNESCO-Liste des Weltkulturerbes aufgenommen werden sollen.

Unsere Tipps

- 1929 ging das Schloss in den Besitz der Stadt Düsseldorf über. Im Westflügel befindet sich heute das Naturkundliche Heimatmuseum Benrath.
- In der Pfarrkirche St. Cäcilia in Benrath sind eine Immaculata und ein Elfenbeinkruzifix von Gabriel de Grupello, beide um 1700, beachtenswert.
- Nach Wiederherstellungsarbeiten präsentiert sich der Düsseldorfer Nordpark so, wie er 1937 angelegt worden ist. Zahlreiche Großbäume wurden damals aus Parkanlagen und Friedhöfen in die entstehende, streng architektonische und mit markanten Blickachsen ausgestattete Anlage verpflanzt. Zentrale Wasserachse mit großen Fontänen, Sondergärten, zahlreiche Spielplätze und einem 5.000 qm großen Japanischen Garten.

Schlosspark Benrath, Benrather Schlossallee, Düsseldorf, frei zugänglich, Eintritt frei

Straßenbahnlinie 701, Haltestelle Benrather Schlossallee, S-Bahn, Haltestelle Benrath.

Die Rad-Route R 19 verläuft streckenweise parallel zum Wanderweg X 19.

Schloss Benrath, Benrather Schlossallee, Tel. (02 11) 8 99 72 71, Öffnungszeiten: Di bis So 10–16, Führungen alle 30 Minuten.

Naturkundliches Heimatmuseum im Schloss Benrath, Tel. s.o., Mo bis Fr 10–13 Uhr, Sa 14–17 Uhr und So 10–17 Uhr geöffnet.

Löbbecke-Museum und Aquazoo Düsseldorf im Nordpark, Kaiserswerther Str. 380, Düsseldorf-Stockum, Tel. (02 11) 8 99 61 50, Mo bis So 10–18 Uhr geöffnet.

Café im Nordpark, Mo bis So 9–19 Uhr.

Café im Seitenflügel von Schloss Benrath, Tel. (02 11) 71 28 10, So bis Fr 10–18 Uhr.

Wassersport am Unterbacher See: Schwimmen, Angeln, Rudern; Segel- und Surfschule, Bootshafen.

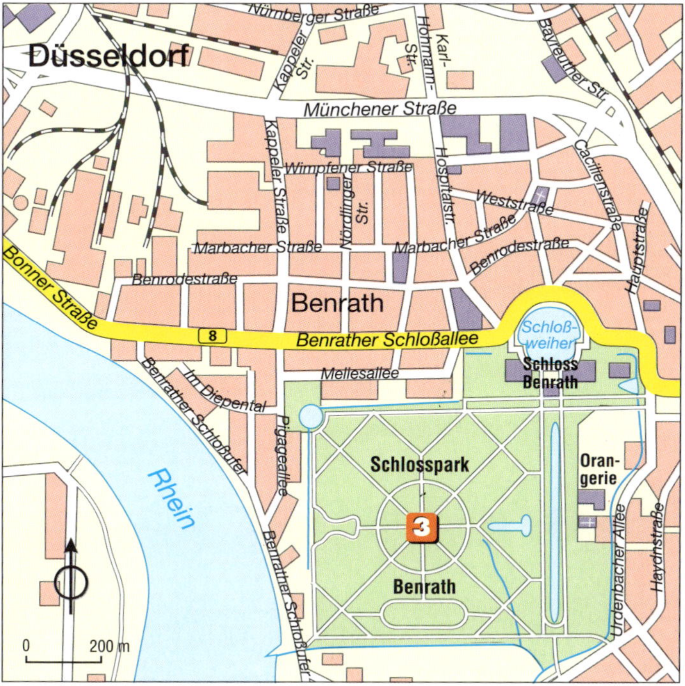

4

Eine Arche am Kaiserberg

Der 1934 eröffnete Duisburger Zoo ist ein erholsames Stück Natur inmitten der Stadt, eine grüne Oase mit zahlreichen heimischen und exotischen Pflanzen. Viele bekannte, aber vor allem auch seltene, vom Aussterben bedrohte Tierarten finden am Kaiserberg einen Schutzraum.
1995 wurde mit einem Erweiterungsbau das neue Delphinarium – die größte und technisch aufwendigste Anlage in Deutschland zur Erhaltung von Seesäugetieren – eröffnet. Die große Elefantenanlage ist eine der modernsten in Europa. Nur durch einen begrünten Graben getrennt, kann man die afrikanischen Riesen von der Restaurantterrasse aus beobachten. Im Vogelhaus sind die in der Natur sehr bedrohten Balistare eine Besonderheit. Im Vogelwäldchen haben Bewohner verschiedener Kontinente ein neues Zuhause gefunden. Hier sind exotische Namen wie Tinamus, Turakos, Ibisse und der Lachende Hans zu finden.
In das Dämmerlicht der Unterwasserwelt taucht der Besucher im Aquarium ein. Die Amazonas-Flussdelphine sind eine zoologische Seltenheit. In der feuchtwarmen Tropenhalle liegen Leguane und andere Echsenarten in arttypisch gestalteten Biotopen auf der Lauer. Besonders stolz ist der Duisburger Zoo auf seine erfolgreiche und in Europa einzigartige Koala-Nachzucht. Das imposante „Äquatorium" ist eines der reichhaltigsten Affenhäuser der Welt. Auf einer Fläche von 4.000 Quadratmetern beherbergt es neben Gorillas, Orang-Utans und Schimpansen auch Schopfgibbons, Bartaffen und Meerkatzen.
Der Eingang zum Chinesischen Garten, ein Geschenk von Duisburgs Partnerstadt Wuhan, wird zum Schutz gegen böse Geister von zwei steinernen Löwen bewacht. Neben dem Steingarten bildet ein großer Teich das Zentrum der original chinesischen Gartenanlage. Um die von Seerosen bedeckte Wasserfläche haben chinesische Gärtner und Landschaftsbauer eine einzigartige Miniaturlandschaft mit Bergen, Pagoden und Bogenbrücke angelegt.

Unsere Tipps

- Zur Beförderung von Kleinkindern stehen am Eingang Bollerwagen bereit. Kinder können sich freuen auf einen Streichelzoo mit einem sardischen Zwergesel, Ponys, Schafen und Zwergschweinen. Der ultimative Kinderspaß im Zoo ist jedoch das Tiergesichterschminken an jedem So von 11–16 Uhr an der Brücke für 5 DM.
- Regelmäßig werden im Delphinarium Shows angeboten, die Jung und Alt begeistern. Die Zuschauer am Beckenrand müssen auch schon einmal mit einer nassen Dusche rechnen.

Duisburger Zoo, Haupteingang Mülheimer Str. 273, Duisburg-Düssern, Tel. (02 03) 30 55 90, täglich von 8.30–19.30 Uhr geöffnet, Kassenschluss ab 17.30 Uhr,
Eintritt: Erwachsene 14 DM, Kinder 8 DM

Mit der Straßenbahnlinie 901 ab Duisburg Hbf.

An den Routen R 21 und R 19 gelegen.

Durch das Gebiet Kaiserberg verlaufen mehrere schöne Wanderwege (z. B. X 3).

Zoo-Terrassen, Tel. (02 03) 30 58 90, täglich von 10–19.30 Uhr geöffnet, von außen und vom Zoo aus zu erreichen.

Waldschänke (Selbstbedienungsrestaurant) im Zoo.

Freizeitpark Hamborn, ein in den 20er Jahren angelegter Volkspark mit Parkgestaltung im Jubiläumshain, weitläufige Grünanlagen mit Spiel- und Liegewiesen sowie Freizeithaus.

Botanischer Garten Hamborn, Fürst-Pückler-Str. 18, Duisburg-Hamborn. Im Sommer von Mo bis Fr 7–18 Uhr, Sa und So 10–18 Uhr geöffnet, im Winter Mo bis Fr 7.30–16 Uhr, Sa und So 10–16 Uhr, Eintritt frei, Führungen nach Voranmeldung, Tel. (02 03) 2 83 52 16.

5

Ein „Steingarten" im alten Innenhafen

Seit Beginn der 90er Jahre wird das Gelände am alten Duisburger Innenhafen nach einer Konzeption des englischen Architekten Sir Norman Foster zu einem internationalen Dienstleistungsstandort mit modernen Wohnanlagen umgestaltet. Die Gestaltung einer freien Fläche übernahm der renommierte Künstler Dani Karavan, der über sich selbst sagt: „Eigentlich ähnel ich ein wenig dem Samenkorn. Wie sich meine ursprüngliche Idee entwickelt, hängt von der Umgebung ab." Die Umgebung, die Karavan vorfand, war wenig einladend – brachliegendes Areal neben Ruinen großer Mühlen und alter Speichergebäude.
Hier entsteht eine geometrisch gegliederte Freifläche. Im „Garten der Erinnerungen" korrespondieren Baumreihen mit architektonischen Elementen und befestigten Wegen, verdichtete Bodenbeläge mit Grün- und Wasserflächen. Umrisse alter Speicher und Betriebsgebäude werden nachvollzogen, zum Abriss bestimmte Gebäude bleiben als Torsi erhalten, sind zu Aussichtstürmen umgestaltet und entfalten zugleich eine skulpturähnliche Wirkung. Ein Gelände mit Bruchstücken der ehemaligen Gebäude bildet einen Steingarten. Die plastisch modulierte Fläche kann und soll von Besuchern erklettert und erfahren werden.
Unter Verwendung ausgewählter Rudimente einer verfallenen, vorgefundenen Architektur wurde ein innerstädtisches Areal zu einer einzigen Parkskulptur umgestaltet. Wie in seinen früheren Werken hat Karavan den historischen Ort wirken lassen – und macht ihn im „Garten der Erinnerungen" künstlerisch sichtbar.
Die Künstler Uwe Belzner und Stefan Hofmann haben für den Garten ein Beleuchtungskonzept entwickelt, das sich mit den vorgefundenen Strukturen auseinandersetzt.

Unsere Tipps

- Auf dem Philosophenweg, der durch den „Garten der Erinnerungen" führt, gelangt man in die Duisburger Altstadt mit ihren interessanten Sehenswürdigkeiten. Interessant sind hier u.a. die Reste der alten Stadtmauer aus dem 12./13. Jahrhundert sowie die Salvatorkirche aus dem 14. Jahrhundert.
- Die Duisburger Hafenrundfahrtgesellschaft bietet Ausflüge mit dem Schiff an. Anlegestellen: Stadtmitte/Schwanentor, Duisburg-Ruhrort/Schifferbörse und Duisburg-Homberg/Rheingarten, Preise gestaffelt, Tel. (02 03) 6 04 45-45 oder -26.
- Als kurze Kur ist ein Aufenthalt in der „Niederrhein-Therme" im Revierpark Mattlerbusch, eine der „grünen Lungen" der Stadt in Duisburg-Hamborn, zu empfehlen, Tel. (02 03) 50 00 50, täglich 8.30–23 Uhr.

„Garten der Erinnerungen", Philosophenweg, Innenhafen, Duisburg-Ruhrort, offene Anlage

Mit der Buslinie 932 bis Haltestelle Küppersmühle.

Gut ausgebautes Radwegnetz, an der NiederRheinroute.

Wanderwege südlich vom Ruhrhöhenweg, Kreuzung der A 40 bei der Max-Peters-Str. möglich.

Kultur- und Stadthistorisches Museum Duisburg, Johannes-Corputius-Platz 1, Duisburg-Ruhrort, Öffnungszeiten: Di bis Do, Sa 10–17 Uhr, Fr 10–14 Uhr, So 11–18 Uhr, Tel. (02 03) 2 83 26 40.

Küppersmühle, Sammlung Grothe, am Innenhafen, Tel. (02 03) 30 19 48 11, Mi bis So und an Feiertagen 11–18 Uhr geöffnet.

Stiftung DKM, Philosophenweg 17a, Duisburg-Ruhrort, Tel. (02 03) 2 98 14 38, Führungen und Öffnungszeiten nach Vereinbarung.

Dreigiebelhaus, Spezialitätenrestaurant, Nonnengasse 8, Duisburg, Tel. (02 03) 2 68 59, Di bis So 12–14 Uhr und 18–23 Uhr, Sa 18–24 Uhr geöffnet.

Duisburg-Information, Tel. (02 03) 2 85 44 11.

6

Kunst im Park

Unweit der Duisburger Fußgängerzone trifft der Kommerz auf die Kunst. Das Wilhelm Lehmbruck Museum, Zentrum für internationale Skulptur- und Objektkunst, wurde nach Plänen von Manfred Lehmbruck und der Architektengemeinschaft Lehmbruck/Hänsch gebaut. Ebenso interessant ist der Skulpturenpark, der sich an das Museum anschließt.

Die Entstehung des Immanuel-Kant-Parks geht auf die Aufhebung des ehemaligen Villengartens von „Haus Rhein" des Duisburger Kaufmanns Theodor Böninger jun. zurück. Der Park, der 1925 der Öffentlichkeit zugänglich gemacht wurde, zeichnete sich durch einen bemerkenswert alten Baumbestand aus. Aufgewertet wurde die Anlage damals durch Blumengärten, Spielplätze und ein Stadtgarten-Café. Nach dem Zweiten Weltkrieg war die Anlage stark zerstört. Mit der Beseitigung der Schäden wurde sie vergrößert; Ende der 60er Jahre erfolgten eine Umgestaltung und eine erneute Erweiterung auf insgesamt sieben Hektar Fläche. Ein dichtes Wegenetz erschließt nun Liegewiesen, Spiel- und Sporteinrichtungen sowie einen Blumengarten mit jahreszeitlichen Pflanzungen.

Der in den Garten eingebettete Skulpturenpark mit 40 orts- und situationsbezogenen Werken besteht seit 1990. Zu sehen sind u. a. Arbeiten von Lehmbruck, Oppenheim, Laurens, Serra und Moore. Der Dialog zwischen Museum und Park sowie von Kunst und Natur war der zentrale Leitgedanke, als das Museum in den Park einbezogen und die Gebäude durch Skulpturenhöfe ergänzt wurden.

Unsere Tipps

- Die Fußgängerzone mit ihren zahlreichen Brunnenanlagen liegt fußgängerfreundlich nah und lädt zu einem Bummel oder Cafébesuch ein. In der Königstraße fällt der „Lifesaver" von Niki de Saint Phalle und Jean Tinguely auf, der sich als ein Symbol Leben spendender und bewahrender Kraft erhebt.
- Die „Duisburger Akzente", ein Kulturfestival, das weit über die Stadtgrenzen hinaus Beachtung findet, bestehen seit fast 20 Jahren und werden jährlich im April und Mai ausgerichtet. Info unter Tel. (02 03) 2 83 22 69.
- Für die abendliche Unterhaltung bieten sich verschiedene Kleinkunstbühnen mit wechselndem Programm an. „Die Säule", Goldstr. 15, Nähe Dellplatz, Programminfo Tel. (02 03) 28 98 63, das „Senftöpfchen", neben Veranstaltungen auch Bistro, Gaststätte, Ziegelhorststr./Pollerbruckstr., Duisburg-Obermarxloh, Tel. (02 03) 50 12 45, oder aber die Kulturzentrale „HundertMeister", Dellplatz 16a in Duisburg-Mitte, Tel. (02 03) 2 79 16.

Immanuel-Kant-Park, Friedrich-Wilhelm-Str./Düsseldorfer Str./ Tonhallenstr., Duisburg, frei zugänglich, ganzjährig geöffnet

Mit der Buslinie 923 bis Haltestelle Wilhelm Lehmbruck Museum.

Eine Strecke der NiederRheinroute, R 19, verläuft durch die Innenstadt von Duisburg.

Wilhelm Lehmbruck Museum, Friedrich-Wilhelm-Str. 40, Duisburg, Tel. (02 03) 2 83 32 94, Di 11–20 Uhr, Mi bis So 11–17 Uhr geöffnet.
Cubus Kunsthalle GmbH & Co. KG, Friedrich-Wilhelm-Str. 64, Duisburg, Tel. (02 03) 2 62 36, Öffnungszeiten: Mi bis So 15–21 Uhr.

Museumscafé Café Art im Lehmbruck Museum mit Blick auf den Skulpturengarten, Öffnungszeiten wie Museum.

Sechs-Seen-Platte: Nur wenige Kilometer von der Innenstadt entfernt liegt das größte und landschaftlich schönste Naherholungsgebiet im Großraum Duisburg mit ausgedehnten Wanderwegen, Grillplätzen, Freibad, Bootsverleih und Modellboothafen.

Sportpark Wedau, vielfältige Sportanlage für Fußball, Eis- u. Wassersport, Wasserski, in der Nähe der Sechs-Seen-Platte. Die Regattabahn gilt als eine der besten der Welt, Tel. (02 03) 9 97 60.

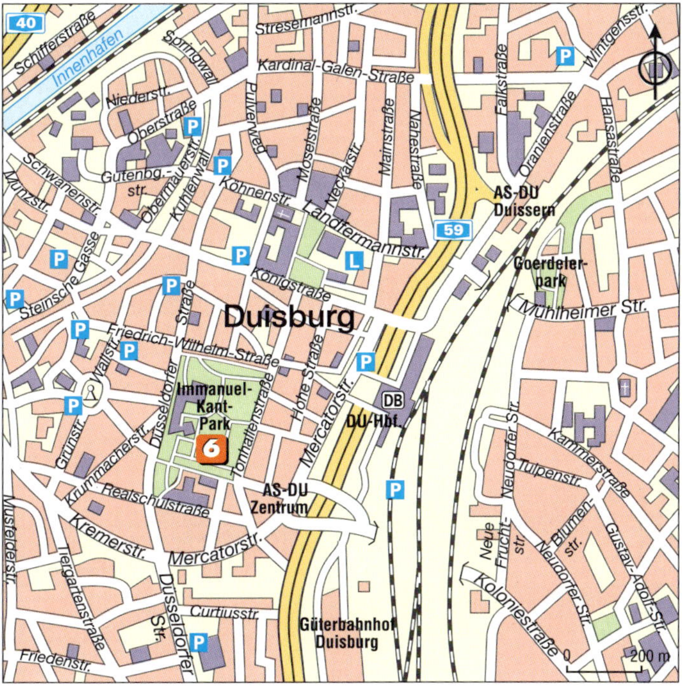

7

Wildwuchs im Hüttenwerk

Fährt man bei Dämmerung über die A 42 an Duisburg vorbei, wird man von einer Lichterscheinung in neongrün, blau und rot überrascht: Hinter den mystisch anmutenden, bunten Lichtern verbirgt sich eine Installation von Jonathan Park am neu genutzten Hüttenwerk Meiderich im Landschaftspark Duisburg-Nord.
In der Hochindustrialisierungsphase hatte August Thyssen die große Anlage erbauen lassen, doch 1985 ging die Nutzungsepoche zu Ende. Aus der ehemaligen bäuerlichen Kulturlandschaft war ein der Natur entfremdetes und durch industrielle Infrastrukturreste ergänztes Kunstgebiet geworden. Als Teil des Emscher Landschaftsparks entsteht hier seit 1991 ein Park neuen Typs, der die spontan gewachsene Vegetation und die in ihren Dimensionen und Formen beeindruckenden stillgelegten Industrieanlagen einbezieht und einem neuen Zweck zuführt. Teile der ehemaligen Werkflächen werden behutsam zum Park umgestaltet, andere hinsichtlich ihrer Arten- und Biotopfunktion für die Tier- und Pflanzenwelt als Industriebrachen gepflegt.
Der Park umfasst einen Lern- und Lehrbauernhof, auf dem Kinder Landwirtschaft unter ökologischen Aspekten erleben können.

Unsere Tipps

- Erkunden Sie das Gelände zu Fuß: ein ausgeschilderter Parkrundweg führt etwa 2,5 Stunden durch das umgestaltete Areal des Hochofenwerkes. Informationen zum Industriegeschichtlichen Pfad liefert ein Faltblatt, das im Infobüro erhältlich ist. Besuchergruppen können sich ab dem Ingenhammshof von zwei Rheinischen Kaltblütern in einem Wagen durch den Park ziehen lassen. Allemal abenteuerlicher. Gruppenpreis bis max. 16 Personen mit fachkundiger Führung 150 DM, ca. 1,5 Std. Infos unter Tel. (02 03) 42 64 82.
- Eine ganze Reihe von Vereinen hat hier ein neues Zuhause gefunden, so auch der Deutsche Alpenverein, Sektion Duisburg. Wenn hier Freeclimber scheinbar schwere- und mühelos die Wände des ehemaligen Bunkers hinaufklettern, muss man einfach zuschauen – Nacheifern bitte nur unter sachkundiger Anleitung, Tel. (02 03) 42 81 20.
- Die Initiatoren des Landschaftsparks Duisburg-Nord halten zahlreiche Themenführungen bereit: Nacht-Licht-Führung, Kinder- und Radführungen (ca. 10 km, Verleih von Fahrrädern gegen eine Gebühr von 2,50 DM/Std.). Bei der Führung „Phönix – Natur auf Industriebrachen" lernen Sie die Vegetation des Parks kennen.

Landschaftspark Duisburg-Nord, Lösorter Str./Emscherstr., Duisburg-Meiderich, Tel. (02 03) 4 29 19 42, Eintritt frei, die offenen Führungen kosten 5–7 DM, Eingang und Infobüro Emscherstr., Öffnungszeiten: Mo bis Fr 10–13.30 und 14–16 Uhr, Fr zusätzlich 18–21 Uhr, So 10–13.30, 14–18 und 18.30–21 Uhr

Mit dem Auto, A 42 bis Abfahrt Neumühl, auf die B 8 Richtung Obermeiderich bis zur Emscherstr., ausgeschildert.

Mit der Straßenbahnlinie 903, Haltestelle Landschaftspark Duisburg-Nord.

Aus Richtung Westen oder Osten über den ausgeschilderten Emscher Park Radweg.

Der Emscher Park Wanderweg berührt den Landschaftspark.

Wechselnde Projektausstellungen auf dem Parkgelände.

Gaststätte Hüttenmagazin, Mo bis Fr 11–20 Uhr, am Wochenende bis 24 Uhr geöffnet.

☞ Im Zeitalter von Bungeejumping werden neben extremen Erfahrungen im Sportbereich für den Kultursuchenden ebenfalls ungewöhnliche Erlebnisse bereitgehalten wie etwa die Aufführung einer Wagneroper in der ehemaligen Kraftzentrale des stillgelegten Hüttenwerkes. Aktuelle Events unter Tel. (02 03) 4 29 19 33.

8

Grünzug entlang der Erft

Die gründurchzogene Auenlandschaft der Erft mit ihren Burgen, Schlössern, Wehren und Wassermühlen ist typisch für den Niederrhein. Der Fluss ist ein beliebtes Ausflugsziel für Spaziergänger und Radler, im Sommer auch für Angler und Wassersportler.

Grevenbroich zeigt, was nach dem Trubel einer Landesgartenschau zurückbleiben kann: Eine abwechslungsreiche und gepflegte Grünfläche, die das Erscheinungsbild einer ganzen Stadt bestimmt. Das Gelände der ehemaligen Landesgartenschau 1995 begleitet die Erft durch den Stadtkern von Norden bis Süden auf einer Fläche von insgesamt 36 Hektar. Eine besondere Attraktion ist die „Alte Obstwiese“ mit vielen alten Apfelbäumen. In der Zeit um Ostern strahlt sie in einem leuchtenden Weißgelb von den zahlreich blühenden Narzissen. Eine Brücke führt auf die Stadtparkinsel in das so genannte „Braunkohlewäldchen“ mit Pflanzen, die – als Urzelle der heutigen Braunkohle – vor Millionen Jahren geblüht haben.

Der alte Stadtpark wurde zur Jahrhundertwende angelegt, ist jedoch stark ausgelichtet und neu aufgeforstet worden. Neben Stauden gibt es Wechselbepflanzungsbeete auf einer Fläche von mehr als 1.100 Quadratmetern.

Der „Kampers Wald“ ist die älteste Grünfläche der Stadt und geht zurück auf den Privatpark der Familie Kampers. Gleich in der Nähe liegt der Alte Schlosspark, der neben dem historischen Gebäude auch Skulpturen des schottischen Bildhauers Ian Hamilton-Finlay birgt.

Über eine Brücke geht es zur Erftaue. Zur Landesgartenschau wurde hier ein Gebäude aus Glas und Holz konstruiert, das sich wie ein Schneckenhaus windet; hier haben heute die Umweltschutzbeauftragten ihren Sitz.

Unsere Tipps

- Kinder profitieren davon, dass im Rahmen der Gartenschau zahlreiche attraktive Spielplätze und -flächen angelegt worden sind.
- Ein besonderer Anziehungspunkt ist das Museum im Stadtpark, Tel. (0 21 81) 65 96 96, Öffnungszeiten: Mi, Do, Sa und So 10–17 Uhr, Fr 10–13 Uhr. Es befindet sich in der ehemaligen Fabrikantenvilla Erkens und zeigt die städtische Sammlung zur Völkerkunde, Kulturanthropologie und Geologie sowie Wechselausstellungen zu regionalen und völkerkundlichen Themen.
- Nach der Säkularisation richtete sich Napoleons Marschall Maison 1802 in dem barocken Dreiflügelbau von Kloster Langwaden ein, das noch heute von Ordensbrüdern der Zisterzienser bewohnt wird.

Stadtpark Grevenbroich, das Gelände der ehemaligen Landesgartenschau durchzieht die gesamte Stadt und ist als offene Grünfläche von allen Seiten frei zugänglich

Vom Bf. Grevenbroich sind es nur 400 m bis zum nächstgelegenen Eingang des Geländes (Stadtparkinsel).

Im Rahmen der Euroga 2002 werden bestehende Rad- und Wanderwege durch das Stadtparkgelände zu interessanten Themenpfaden ausgebaut. Ausgangspunkt ist der Grevenbroicher Bf. Von dort aus führt die Route „Kunst und Kultur" nördlich entlang der Erft bis zum Museum Insel Hombroich in Neuss. Skulpturen des Bildhauers Anatol Herzfeld sollen die Strecke begleiten. Die Route „Energie" verläuft von Jüchen und Orken südlich entlang der Erft bis Frimmersdorf und passiert dabei wissenswerte Punkte der Energiegewinnung.

Haus Hartmann, Am Alten Schloss, Tel. (0 21 81) 60 83 06, wechselnde Ausstellungen und Öffnungszeiten.

Gaststätte Zum Alten Schloss, Schlossplatz 11, Grevenbroich, Tel. (0 21 81) 16 13 84, Mo bis So 11–24 Uhr geöffnet.

Stadt Grevenbroich, Altes Rathaus, Am Markt 1, Tel. (0 21 81) 60 80, Internet: www.grevenbroich.de.

9

Die Schweiz am Niederrhein

Das Wasserschloss Anholt ist über die regionalen Grenzen hinaus bekannt geworden als adeliger Wohnsitz in der ZDF Serie „Rivalen der Rennbahn". Doch der kulturinteressierte Besucher entdeckt schnell die eigentlichen Schätze der mächtigen Wasserschlossanlage. Elemente des Schlosses wie der „Dicke Turm" gehen auf das 12. Jahrhundert zurück, eine Erweiterung erfolgte im 17. Jahrhundert. Mit dem Bau der Vorburg bekam die große Parkanlage ein neues Aussehen durch Inselplateaus, die in französischer Manier gestaltet waren. Die Barockgärten wurden im Laufe des 19. Jahrhunderts unter Beteiligung der beiden Landschaftsarchitekten Weyhe und Milner umgestaltet in einen weitläufigen Landschaftspark mit ausgedehnten Rasenflächen, einer stattlichen Anzahl allegorischer Sandsteinskulpturen und dendrologisch bedeutenden Baumbeständen.

Unweit der Wasserburg Anholt trifft man auf den Biotopwald „Anholter Schweiz".

Während der englischen Gartenbaubewegung erbaute 1893 Fürst Leopold zu Salm-Salm in Erinnerung an seine Hochzeitsreise eine Nachbildung des Vierwaldstätter Sees mit dem „Schweizer Haus" und Felsenlandschaft. Gestein und Holz wurden per Schiff und Pferdekarren aus der Schweiz an den Niederrhein geschafft. Zum 100-jährigen Jubiläum wurde dieser unter Denkmalschutz stehende Englische Garten um einen 56 Hektar großen Biotopwildpark erweitert. Neben der historischen Gartenanlage finden Sie hier zirka sechs Kilometer gut begehbare Sandwege mit weiträumigen Großvolieren und Tiergehegen.

Unsere Tipps

- Das Museum stellt Porzellan- und Münzsammlungen sowie Wandteppiche aus, weiter sind für den Besucher die Waffenkammer, Hofküche und die Gemäldegalerie, in der besonders Rembrandts „Diana und Acteon" hervorgehoben wird, zugänglich.
- Im Garten von Burg Anholt finden wechselnde Rosen- und Dahlienschauen statt, das Teehäuschen stammt aus dem 18. Jahrhundert.
- Das Wasserschloss beherbergt ein gehobenes Restaurant sowie ein Café mit schöner Seeterrasse über dem Burggraben mit Blick auf den Park.
- Die neoromanische Pfarrkirche St. Pankratius in Anholt aus den Jahren 1851–1862 wurde von dem bedeutenden Kirchenmaler Friedrich Stummel ausgestaltet. Die handgefertigten Wandplatten stammen vom Anholter Töpfermeister Wilm Rinck, der „das Geheimnis um die Glasur der Platten mit in sein Grab nahm".
- Sehenswert: Mittelalterliches Rathaus und Turmwindmühle in Werth.

Wasserburg Anholt, Schloss 1, Isselburg, Tel. (0 28 74) 45 3 53, Öffnungszeiten: vom 1. April bis 30. September Di bis So 11–17 Uhr, vom 1. Oktober bis 31. März, Sa und So 11–17 Uhr, Di bis Fr auf Anmeldung, Eintritt: Park 6 DM, Museum 10 DM, Kombikarte erhältlich

Biotopwildwald „Anholter Schweiz", Pferdehorster Str. 1, Isselburg-Vehlingen, Tel. (0 28 74) 4 53 55, vom 15. März bis 2. November, Mo bis So 9–18 Uhr, vom 2. November bis 5. März, Sa, So und an Feiertagen 10–17 Uhr geöffnet, Eintritt: 6 DM, ermäßigt 5 bzw. 3 DM

Mit dem PKW über die A 3, Ausfahrt Rees/Isselburg.

Die Routen R 4 (Kleve–Bocholt–Dülmen), R 19 (Xanten – Isselburg), die 100-Schlösser-Route sowie F2, F4 und F5 führen an den Anlagen vorbei, Radwanderungen unter Tel. (0 28 74) 45 90.

Wanderweg entlang der Strecken B 2 und B 3.

Gaststätte Schweizer Haus, Tel. (0 28 74) 20 38, Mo geschlossen.

Möglichkeiten zu Kanutouren auf der Issel, Tel. (0 28 74) 92 34.

Ferienpark Wolfssee, Vermietung von Ferienhäusern, Am Wolfssee 10, Isselburg, Tel. (0 28 74) 9 13 10.

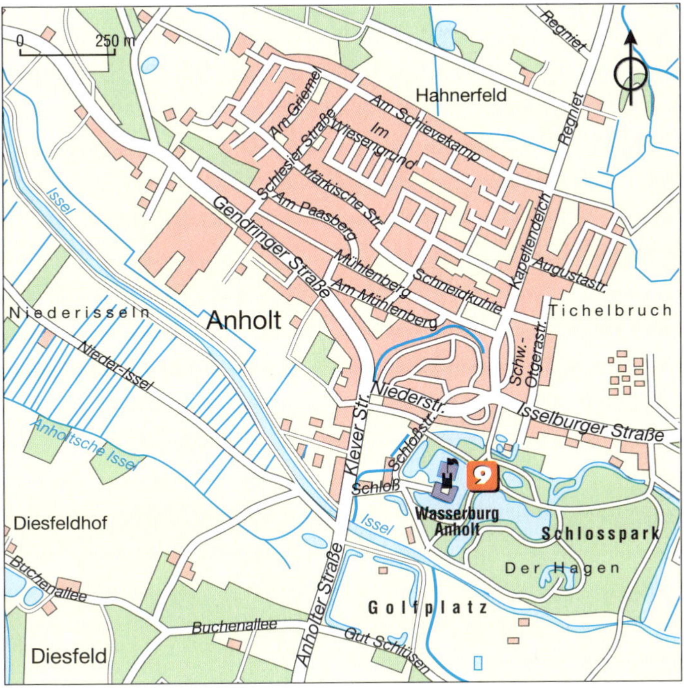

10

Hortus Dyckensis

Im Zuge des großen Umbaus von Schloss Dyck von einer mittelalterlichen Burg in ein barockes Wasserschloss im 17. Jahrhundert wurde auch der Park in einen strenglinigen Heckengarten im französischen Stil umgestaltet.

Schon im ausgehenden 18. Jahrhundert entwickelte sich im Gartenbau eine Gegenbewegung zum barocken Prinzip: der Park in seiner neuen Gestaltungsform sollte nicht länger nur der Repräsentation dienen, sondern bewusst die Natur stärker in den Vordergrund stellen. Das landwirtschaftlich genutzte Terrain – als die vom Menschen gestaltete Landschaft – stand Pate für den Englischen Garten, der auf den ersten Blick natürlich gewachsen erscheint. Es liegt jedoch eine durchdachte Inszenierung zugrunde, die der Parkgestaltung einen naturnahen Charakter gibt.

Für die Umgestaltung des Dycker Gartens wurde der englische Landschaftsgärtner Thomas Blaikey verpflichtet. Die von ihm entwickelten Pläne ergänzten Maximilian Friedrich Weyhe und Peter Joseph Lenné später unter Beibehaltung des ursprünglichen Konzeptes.

Der Dycker Schlosspark war und ist berühmt wegen seines beeindruckenden Bestandes heimischer wie exotischer Bäume. Das Verzeichnis der Pflanzen im Schlosspark unter dem Titel „Hortus Dyckensis" wurde vom Fürsten Joseph zu Salz-Reifferscheidt-Dyck selbst angelegt, der großes Interesse an der botanischen Forschung und dem Sammeln fremder Pflanzenarten zeigte.

Das Sammeln exotischer Pflanzen war bereits zur Zeit des Barocks in Mode gekommen; so dienten die Orangerien nur anfangs der Orangenzucht, entwickelten sich jedoch im 17. Jahrhundert zu Gewächshäusern für exotische Reisemitbringsel.

Das gesamte Anwesen befindet sich heute im Privatbesitz der Familie zu Salm-Reifferscheidt. Das Familienwappen, 1868 fertiggestellt, schmückt den ersten Torbau, den Privateingang zum Schloss. Der Parkbesuch ist jedoch gegen ein geringes Entgelt möglich und sehr zu empfehlen.

Unsere Tipps

- Von einem Aussichtspunkt auf der Verlängerung der Kölner Straße aus kann man den mit 2.500 Quadratkilometern größten Braunkohletageabbau Europas, Garzweiler, besichtigen. Noch südlicher beginnt der Naturpark „Kottenforst-Ville", auch hier wurde früher einmal Braunkohle abgebaut.
- Schloss Hülchrath im benachbarten Grevenbroich wurde um 1120 erbaut und war fast 500 Jahre Zentrum eines kurkölnischen Amtes. Heute ist das Schloss zusammen mit dem benachbarten Kloster Langwaden ein beliebtes Ausflugsziel.

Schlosspark Dyck, Edelkastanienallee, Jüchen, Privatbesitz, der Parkbesuch ist für 3,50 DM möglich

Mit der Buslinie 870 ab Jüchen-Markt.

Route R 16.

Tour X 3.

Museum im Stadtpark, am Stadtpark, Grevenbroich, Tel. (0 21 81) 65 96 96, Öffnungszeiten: Mi, Do, Sa und So 10–17 Uhr, Fr 10–13 Uhr.

Historischer Gasthof Dycker Weinhaus, nahe Schloss Dyck, Klosterstr. 1, Jüchen-Damm. Restaurant, Café, Biergarten, Tel. (0 21 82) 8 50 50, Mo bis So ab 11.30 Uhr.

☞ Wildfreigehege und Waldlehrpfad im Gustorfer Bruch in Grevenbroich, Info bei der Stadtinformation Grevenbroich, Tel. (0 21 81) 60 80.

☞ Stadtinformation Jüchen, Am Rathaus 5, Jüchen, Tel. (0 21 65) 91 50, Internet: www.juechen.de.

11

Sanssouci am Niederrhein

„Ora et labora" – bete und arbeite – lautete die strenge Lebensmaxime der 13 Mönche, die zu Beginn des 12. Jahrhunderts aus dem französischen Kloster Morimond an den Niederrhein gekommen waren, um das erste deutsche Zisterzienserkloster zu gründen.
In ihrem fast 700-jährigen Bestehen bis zur Säkularisierung unter Napoleon im Jahr 1802 erlebte die Abtei Kamp-Lintfort eine wechselvolle Geschichte. Der Gründungsbau, für den die Bauvorschriften des Ordens größte Einfachheit verlangten, wurde Anfang des 15. Jahrhunderts durch eine gotische Kirche ersetzt. Die baulichen und ornamentalen Umgestaltungen im ausgehenden 17. Jahrhundert bestimmen noch heute das Erscheinungsbild der Anlage.
Vor dem barocken Prunkbau der von zwei Türmen eingefassten Klostervierung entstand unter Franz Daniels, Abt des Klosters von 1733–49, auf dem Südhang des Klosterbergs ein fünffach abgesetzter Terrassengarten nach Plänen des Konventsbruders Benedictus Bücken. Dass er zeitgleich mit der Terrassenanlage von Schloss Sanssouci in Potsdam angelegt wurde und wohl auf gleiche Vorbilder zurückgeht, verweist auf den hohen Rang des rheinischen Parks. Die prächtige Gartenanlage verwahrloste jedoch nach der Säkularisation des Klosters.
Vor einigen Jahren entschlossen sich die Stadtväter Kamp-Lintforts zur Restaurierung. Der Garten konnte aber nicht vollständig der historischen Vorlage nachempfunden werden. So fehlen heute Schmuckbeete aus Gemüsepflanzen und Heilkräutern oder der pyramidale Zuschnitt der Obstbäume. Doch im Gegensatz zur Entstehungszeit, als der Zugang zu den Terrassen den gewöhnlichen Mönchen untersagt war, kann sich heute jeder interessierte Spaziergänger an dem Garten erfreuen.

Unsere Tipps

- Die Fossa Eugeniana, ein Kanalbau, der Rhein und Maas miteinander verbinden sollte, wurde im Spanisch-Holländischen Krieg von den Spaniern begonnen, aber nie vollendet. Der Wasserweg sollte die Holländer vom Meer abschneiden und gleichzeitig als Grenzbefestigung dienen. Davon zeugen noch viele Erdschanzen entlang des Kanalbetts, das als Wasserlauf noch besonders gut in Kamp-Lintfort erhalten ist.
- Die Kapelle Eyll (1430), Kapelle einer ehemaligen Wasserburg, ist bekannt durch wertvolle Wand- und Deckengemälde, die erst 1982 entdeckt wurden. Frühere Rittersitze wie die Wasserburg Eyll (1144), das Haus Heideck (1301), das geschichtsträchtige Haus Frohnenbruch (1304) und das Haus Dieprahm (1306) sind als Baudenkmäler Zeugen der vergangenen Jahrhunderte.

Kloster Kamp, Am Abteiplatz, Kamp-Lintfort, im Sommer ab 8 Uhr, im Winter ab 9 Uhr bis zur Dämmerung geöffnet. Freier Eintritt im Park. Führungen nach Voranmeldung im Ordensmuseum, Tel. (0 28 42) 40 62.

Ab Bf. Moers mit der Buslinie 32 bis Bergrücken Kamp.

Die NiederRheinroute, R 15, führt über den Kamper Berg am Kloster vorbei in das Zentrum von Kamp-Lintfort.

Auf der Route X 2 (E 8) führt der Weg über Vluyn direkt am Kloster vorbei.

Ordensmuseum Abtei Kamp mit kulturgeschichtlicher Sammlung, Abteiplatz 24, Tel. (0 28 42) 40 62, Di bis Sa 14–18 Uhr, So 11–18 Uhr geöffnet.

Am Dachsberg, Schenke mit Kartoffelhaus, Rheurdter Str. 209, Tel. (0 28 42) 4 23 52, Mo, Mi bis Sa ab 15 Uhr, So ab 11 Uhr.

Zur Klosterpforte, Rheinberger Str. 81, Kamp-Lintfort, Tel. (0 28 42) 4 10 44, Di bis So 11–23 Uhr geöffnet.

Freizeitbad Pappelsee, Frei- und Hallenbad mit bis zu 118 m langen Rutschbahnen, Sauna und Solarien, Bertastr. 74, Kamp-Lintfort, Tel. (0 28 42) 8 16 40.

Stadtinformation, Kamp-Lintfort, Tel. (0 28 42) 1 94 33.

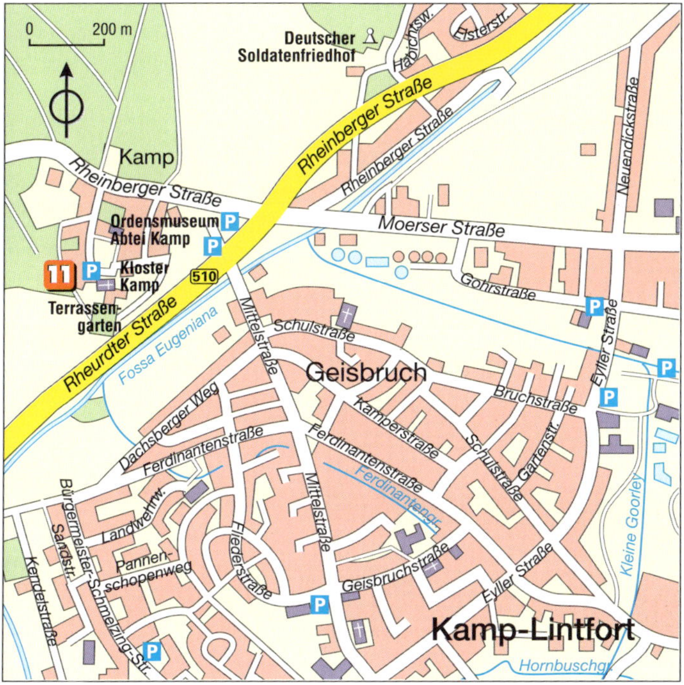

12

Blumen- und Vogelparadies

Der Blumen- und Vogelpark im Kevelaerer Ortsteil Twisteden ist noch eine relativ junge Einrichtung. Die weitläufige Außenanlage des zirka 130.000 Quadratmeter großen Landschaftsparks mit Bäumen, Sträuchern und Stauden, deren Kern eine an den Weiher grenzende Wildblumenwiese bildet, ist unterbrochen von asymmetrischen Flächen mit jahreszeitlich wechselnder Bepflanzung. Eingebettet in diesen Park liegen vier Erdteilhäuser, in denen in mehr als 120 zum Teil begehbaren Volieren eine bunte Schar exotischer Vögel zu entdecken ist. Allein 130 verschiedene Papageienarten kann der Besucher bestaunen – vom mächtigen Hyazinthara bis hin zum buntesten aller Papageien, dem Gebirgslori.

Mittelpunkt des Parks ist eine lichtdurchflutete Blumenhalle, die ständig wechselnde Blumenschauen präsentiert und die einen witterungsunabhängigen Besuch des Parks möglich macht. Das Gelände ist auf einem Rundweg zu erwandern.

Zwei attraktive Spielplätze bieten den Kindern neben Kletterwand, Seilbahn und Röhrenrutsche auch „Fußerfahrungsfelder" – der Phantasie und Kreativität der Abenteuerlustigen sind keine Grenzen gesetzt. Ein großer Streichelzoo ist ebenfalls in Vorbereitung.

Auch für das leibliche Wohl wird gesorgt: im Park laden das Parkrestaurant mit Café-Terrasse, ein Biergarten und Snackstationen zum Verweilen ein.

Unsere Tipps

- Monatlich gibt es die Infoveranstaltung „Dagegen ist kein Kraut gewachsen" mit Tipps zur Anwendung von Heil- und Gewürzkräutern.
- Auf dem Adventsmarkt wird nicht nur der Stern zum Verkauf angeboten und im Weihnachtswintergarten wird eine Krippe mit lebenden Tieren nachgestellt.
- Wollen Sie sich vor Ihrem Besuch via Internet über die aktuellen Aktivitäten informieren – kein Problem: http//www.plantaria.de.
- Möchte man nach dem Parkbesuch den Ausflug noch ein wenig verlängern, so laden die Gemeinde Twisteden, zweimalige Gewinnerin beim Bundeswettbewerb „Unser Dorf soll schöner werden", oder aber der Marienwallfahrtsort Kevelaer zu einem Bummel ein.
- Kanufahrten auf der Niers. Eine Fahrt von dem Bootshaus zum Ausflugslokal „Jan an de Fähr" dauert ca. 4 Stunden und kostet pro Person und Tag 20 DM. Infos, Tel. (0 28 32) 1 01 30 oder (02 03) 7 01 63.

Niederrheinpark Plantaria, Am Scheidweg 1–5, Kevelaer-Twisteden, Info-Tel.: (0 28 32) 93 27–0, ganzj. von 9–18 Uhr geöffnet. Erwachsene 12 DM, Kinder 3–6 DM, Familien 27 DM. Rollstuhl kann ausgeliehen werden. Parkplätze sind kostenlos, Eintritt nur über Haupteingang möglich. Hunde sind im Park nicht gestattet.

Mit dem Auto die A 57 und B 9 nach Kevelaer, ab hier der Beschilderung folgen.
DB AG bis Kevelaer, weiter mit Bürgerbus Twisteden, außer So.

Empfehlenswert sind die Herrensitz-Routen R 8 und R 9.
Das Radfahren im Park ist gestattet.

Route X 1 führt von Goch über Weeze nordöstlich an Twisteden vorbei, X 5 begleitet den Nierskanal bis Twisteden und tangiert danach das Gebiet südlich der Trabrennbahn.

Niederrhein. Museum f. Volkskunde u. Kulturgeschichte, mit großer Spielzeugabteilung u. Wechselausstellungen, Hauptstr. 18, Kevelaer, Tel. (0 28 32) 95 41-0, geöffnet Di bis So 10–17 Uhr.

Parkrestaurant mit Café-Terrasse und Biergarten im Park, das Restaurant ist wie der große Blumenmarkt ohne Parkeintritt zugänglich, Öffnungszeiten: 9–18 Uhr.

Stadtinformation, Peter-Plümpe-Platz 12, Kevelaer, Tel. (0 28 32) 12 21 51 oder 12 21 52.

13

Minerva im Mittelpunkt

Absolutistischer Städtebau und barocke Gartenarchitektur französischer Herkunft beeinflussten die großen Bauvorhaben in der zweiten Hälfte des 17. Jahrhunderts. Der weit gereiste klevische Statthalter Johann Moritz von Nassau-Siegen plante ganz nach der Mode der Zeit ausgedehnte Parkanlagen rund um seinen Amtssitz. Nach dem Klever Vorbild wurden die Straße „Unter den Linden" und der Tiergarten in Berlin errichtet.
Als Mittelpunkt des neuen Tiergartens entstand das Amphitheater nach 1653 unter Mitwirkung des niederländischen Architekten Jacob van Campen als ein Terrassengarten nach italienischer Tradition in einem natürlichen Halbrund am nördlichen Abhang des Springenberges. Gerade Wege und Sichtachsen, wichtige Gestaltungsmerkmale der Gartenkunst dieser Zeit, führten den Blick des Betrachters auf einen fernen Punkt, den Point de vue. Das Amphitheater gilt als herausragendes Beispiel für ein aufwendig inszeniertes Aussichtsensemble.
Mittelpunkt der Anlage ist die Statue der Minerva Tritonia, ein Geschenk der Stadt Amsterdam, von dem holländischen Bildhauer Artus Quellinus d. Ä. geschaffen. Das Original befindet sich heute im benachbarten Museum Kurhaus, im Amphitheater steht eine Kopie.
Die Anlage des Statthalters ist durch spätere Zerstörung und Neugestaltung wesentlich verändert worden: eine Galerie älteren Ursprungs wurde erneuert, der heute noch bestehende Rundtempel und der Obelisk gehen auf eigenhändige Planungen von Friedrich Wilhelm IV. zurück. Nach Entdeckung der Mineralquelle in der Mitte des 18. Jahrhunderts wurde die Parkanlage in den Klever Kurbetrieb integriert und diente zur Erbauung der Kurgäste. Johann Moritz öffnete den Tiergarten in Kleve für die Bürger und machte ihn damit zu einem der ersten öffentlichen Parks in Deutschland.

Unsere Tipps

- An die barocken Gärten grenzt das Museum Kurhaus Kleve – Sammlung Ewald Mataré. Neben Wechselausstellungen zeigt die bedeutende Sammlung Kunstwerke vom Mittelalter bis zur Gegenwart – schon die Museumsarchitektur ist einen Besuch wert.
- Für einen Besuch der benachbarten Niederlande bietet sich die Fährverbindung Millingen – Kleve an.
- Barend Cornelis Koekkoek war der wichtigste und erfolgreichste Landschaftsmaler der niederländischen Romantik. Sein Klever Stadtpalais, das B. C. Koekkoek-Haus, zeigt neben Original-Interieur ca. 60 Gemälde, 120 Zeichnungen und Graphiken.
- In der Innenstadt finden Sie das Wahrzeichen von Kleve, die Schwanenburg, mit geologischem Museum und schönem Ausblick über die Stadt.

Amphitheater im Tiergarten, Tiergartenstr., Kleve

Mit der Buslinie 58 bis Haltestelle Forstgarten.

Die Stadt Kleve hat die Broschüre „Radtouren – 19 Tourenvorschläge rund um Kleve" herausgegeben. Das Heft kann kostenlos beim Fremdenverkehrsamt angefordert werden, Tel. s.u.

Schöner Radweg R 4 entlang der Tiergartenstraße.

Der Wanderweg E 8 führt durch den Tiergarten zum Sternberg.

Museum Kurhaus Kleve – Sammlung Ewald Mataré, Tiergartenstr. 41, Tel. (0 28 21) 7 50 10. Öffnungszeiten: vom 1. April bis 31. Oktober, Di bis So 10–18 Uhr, vom 1. November bis 31. März, Di bis Sa 11–17 Uhr, So und an Feiertagen 10–17 Uhr.

Stiftung B. C. Koekkoek-Haus, Kavarinerstr. 3, Tel. (0 28 21) 76 88 33.

Altes Landhaus zur Münze, gegenüber dem Amphitheater, Tiergartenstr. 68, Kleve, Tel. (0 28 21) 1 71 47, Di bis So 11–22 Uhr.

Fremdenverkehrsamt, Kavarinerstr. 20–22, Kleve, Tel. (0 28 21) 8 42 67.

14

Blühender Rhododendron und Rosengarten

Der frei zugängliche Schönwasserpark Johansenaue ist eine lang gestreckte Anlage, an deren Endpunkt das ehemalig privat genutzte Herrenhaus Schönwasser liegt. Der Park aus dem 19. Jahrhundert beherbergt heute den fünf Hektar großen Botanischen Garten, der ab 1927 auf dem Gelände einer ehemaligen Friedhofsgärtnerei entstand und später um zwei aufgegebene Friedhöfe erweitert wurde. Noch immer sind einige alte Grabmäler erhalten. Bis heute entwickelte er sich zu einer harmonischen Gartenanlage, die – umgeben von dem ausgedehnten Schönwasserpark – Teil des Grüngürtels ist.

Den äußeren Rahmen des Botanischen Gartens bildet das Arboretum, in dem die Laubgehölze und Nadelbäume nach Pflanzenfamilien geordnet sind. Einheimische und nicht einheimische Wildpflanzen wachsen in übersichtlichen Beeten in systematischer Unterteilung. Es gibt Themenpflanzungen wie etwa den Apothekergarten und die Abteilung für technisch nutzbare Pflanzen. Ein Band aus Rhododendren umschließt eine weite Rasenfläche, dahinter fügt sich ein Rosengarten mit zirka 150 Rosenarten an. Sommerblumenbeete, ein Stauden- und ein Steingarten vervollständigen das Ensemble. Im 1997 fertig gestellten Gewächshaus gibt es eine Kakteenlandschaft sowie Pflanzen von den Kanarischen Inseln und aus dem Mittelmeerraum. Sehenswert ist auch der Niederrheinische Bauerngarten.

Unsere Tipps

- Regelmäßig am ersten Mai-Wochenende findet die Design-Ausstellung ART OF EDEN im Botanischen Garten Krefeld statt.
- Unterrichtsplätze an der freien Luft und ein Lehrpavillon stehen zur Verfügung, mit Mikroskopen, Lupen und anderen Utensilien.
- Exotische Pflanzen gibt es auch im Zoologischen Garten (s. S. 70–73).
- Weitere Möglichkeiten zu einem Spaziergang im Grünen bietet der Stadtwald Krefeld, Hüttenallee, eine Parkanlage im Stil des 19. Jahrhunderts mit großen Wiesenflächen, geschwungenen Wegen, ausgedehnten Mischwaldpartien und einem Weiher. Blickfang sind das Restaurant „Stadtwaldhaus" und der Deußtempel, benannt nach dem privaten Stifter des Parks, Wilhelm Deuß.
- Ebenfalls sehenswert ist der Neuenhofenpark, Uerdinger Str. 593, Krefeld. Die lang gestreckte Parkanlage um Haus Neuenhofen umfasst einen alten Baumbestand, eine Lindenallee und einen Graben der ehemaligen Wasserburg.

Botanischer Garten, Sandberg 2, Krefeld, Tel. (0 21 51) 54 05 19, im Sommer Mo bis So 8–18 Uhr, im Winter Mo bis Do 9–15 Uhr, Fr 9–12 Uhr, Eintritt frei

Mit der S-Bahnlinie 044 bis Botanischer Garten.

Tour R 15 führt nordöstlich am Botanischen Garten vorbei.

Route X 2 und X 4, wobei letztere auch am Zoo entlang führt.

Museen für zeitgenössische Kunst Haus Esters/Haus Lange, Wilhelmshofallee 91 und 97, Krefeld, Krefelder Museen: Tel. (0 21 51) 77 00 44, Öffnungszeiten erfragen. Zwei nebeneinander liegende, 1928 von Mies van der Rohe entworfene Backsteinvillen im Bauhausstil. Die sie umgebenden Gärten mit altem Baumbestand werden heute als Skulpturengarten genutzt.

Parkhaus, Restaurant mit Biergarten, Werkstättenstr. 10, Krefeld-Oppum, Tel. (0 21 51) 54 43 47, Öffnungszeiten: Mo bis Di, Do bis Sa 15–23 Uhr und So 11–23 Uhr.

Ein Besuch ins benachbarte Krefeld-Uerdingen lohnt sich: der Marktplatz der bedeutenden Hansestadt, dem niederländische und -rheinische Plätze (Kalkar) als Vorbild dienten, besitzt eine großartige Weite und besticht durch seine historisch interessanten Häuser (Altes Rathaus von 1714, Herberzhäuser von 1832). Das Hafenplateau bietet einen schönen Rundblick über den Rhein.

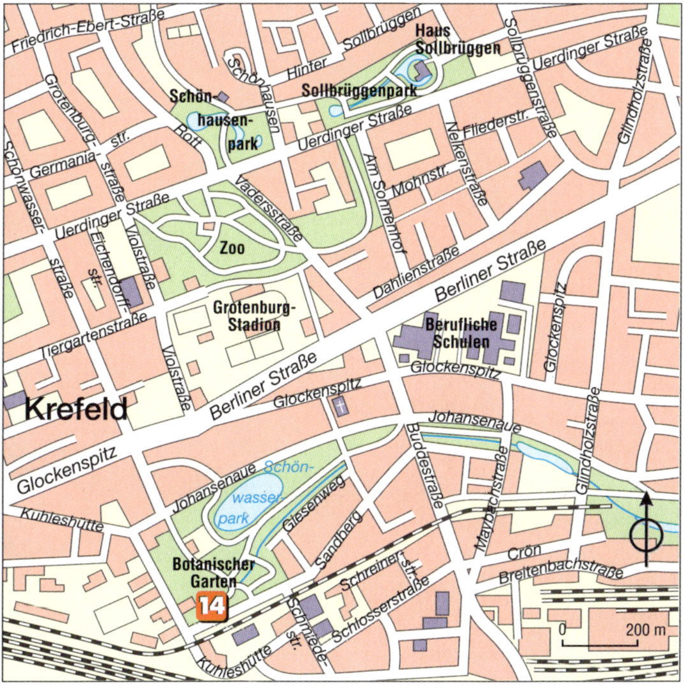

15

Idylle mit altem Burggraben

Sehenswert ist die mittelalterliche Wasserburg Linn, die von einem schönen parkartigen Gelände umgeben ist. Die Burg wurde jedoch während des Spanischen Erbfolgekrieges so stark beschädigt, dass man nachfolgende Restaurierungsversuche bald wieder aufgab. Ein Neubau war einfacher: In der Vorburg auf der anderen Seite des Burggrabens entstand um 1730 unter Kurfürst Clemens August das so genannte Jagdschloss. Cornelius de Greiff, dessen Familie die Burg 1806 kaufte, ließ es 1835–1840 umbauen. In der Burg ist das Museum Burg Linn untergebracht, ein Kulturgeschichtliches Museum mit umfangreichen Sammlungen zur Archäologie und zur Volkskunde des Niederrheins. Ein fast neun Hektar großer Burgpark umgibt die mittelalterliche Burganlage mit Haupt- und Vorburg, das Grabensystem ist noch nachvollziehbar. Der Park wurde Anfang des 19. Jahrhunderts von Maximilian Friedrich Weyhe für die Krefelder Seidenhändlerfamilie de Greiff im landschaftlichen Stil mit großen, leicht modellierten Rasenflächen, Baumgruppen und Solitärbäumen angelegt. 1926 ging die Anlage in den Besitz der Stadt über und ist heute in vereinfachter Form erhalten.

Zusammen mit der Kleingartenanlage „Steintor/Am Wall" und dem Greiffenhorstpark bildet der Burgpark Linn eine Grünachse, die im Süden durch die Grünanlage „Römersee" in Gellep, dem Hausenhofpark und einem Golfplatz ergänzt wird.

Unsere Tipps

- In der Nachbarschaft des Burgbereichs liegt der Andreasmarkt mit dem Deutschen Textilmuseum. Auf dem Platz wurde der alte Flachsmarkt am Tag des Heiligen Andreas abgehalten; heute findet der bedeutende Kunsthandwerkermarkt an den Pfingsttagen statt. Die Bebauung an der Nordseite des Platzes stammt größtenteils aus dem 18. und 19. Jahrhundert.
- Um ein Bild von der römischen und fränkischen Siedlungsgeschichte des hiesigen Raumes zu bekommen, empfiehlt sich ein Besuch im Museum Burg Linn.
- Eine weitere historische Grünfläche ist der Stadtgarten in Krefelds Zentrum. Ursprünglich als städtischer Friedhof angelegt, wurde er 1885 in eine öffentliche Parkanlage umgewandelt. Der Park hat neben teilweise noch vorhandenen Grabsteinen stattliche Solitäre aufzubieten; einige Wege sind von alten Lindenalleen gesäumt. Der gemischte, dichte Baumbestand vermittelt einen hainartigen Eindruck.

Burgpark Linn, Rheinbabenstr., Krefeld-Linn, der Park ist kostenlos zugänglich

Mit der Straßenbahnlinie 044 bis Burg Linn, mit der Buslinie 059 bis Auf dem Bollwerk.

R 14 führt östlich zum Rhein, R 15 nördlich nach Moers.

Wanderweg X 5, X 4 und X 2 kreuzen sich in der Nähe von Schloss Linn.

Museum Burg Linn, Rheinbabenstr. 85, Tel. (0 21 51) 57 00 36, Öffnungszeiten: vom 1. April bis 31. Oktober Di bis So 10–18 Uhr, vom 1. November bis 31. März Di bis So 11–17 Uhr. Deutsches Textilmuseum Krefeld, Andreasmarkt 8, Krefeld, Tel. (0 21 51) 9 46 94 50, nur bei Ausstellungen vom 1. April bis 31. Oktober Di bis So 10–18 Uhr und vom 1. November bis 31. März Di bis So 11–17 Uhr geöffnet.

Burg-Café, neben der Burg im historischen Ortskern gelegen, mit Terrasse, Rheinbabenstr. 101, Krefeld-Linn, Tel. (0 21 51) 57 02 82, Di bis So ab 11 Uhr.

Kulturelles Angebot in Krefeld am Abend und am Wochenende: Stadttheater Krefeld, Theaterplatz 3, Tel. (0 21 51) 80 50 oder 80 51 25, Fabrik Heeder, Virchowstr. 130, Tel. (0 21 51) 3 32 62, Kulturfabrik (KUFA), Dießemer Str. 13, Tel. (0 21 51) 85 86 87.

16

Greiffenhorstpark

Park mit Jagdschloss

Der Krefelder Seidenhändler Cornelius de Greiff ließ hinter dem Linner Stadtgraben einen Neubau errichten, der 1843 fertig gestellt worden war. Als Jagdschloss und Sommersitz der Familie erhielten Haus und Park den Namen Greiffenhorst. Die Architektur der Villa, ein achteckiger Mittelbau mit vier breiten Mauervorsprüngen, so genannten Resaliten, griechischem Kreuzgrundriss und ebenfalls achteckiger Terrasse, erinnert in ihrer dekorativen Form an die Bauten des Berliner Baumeisters Schinkel. Ob das Gebäude im klassizistischen Stil dem Architekten Adolf von Vagedes zuzuschreiben ist oder doch auf Pläne des Bauinspektors Otto von Gloeden zurückgeht, lässt sich nicht genau eruieren. Heute befindet sich das Schloss in städtischem Besitz und wird für Lesungen und Ausstellungen genutzt.

Gleichzeitig mit Haus Greiffenhorst wurde die es umgebende Anlage von Maximilian Friedrich Weyhe als englischer Landschaftsgarten entworfen und umgesetzt. Er integrierte bereits vorhandene Elemente und wertete sie landschaftlich auf. So bildet der Mühlenbach, der aus dem Linner Stadtgraben abfließt und sich an einigen Stellen weiherartig vergrößert, das Rückgrat des schmalen und lang gestreckten Parks. Zwei davon nördlich und südlich verlaufende Wege sind durch mehrere Brücken miteinander verbunden. Die ursprünglich geschwungene Wegführung wurde in späterer Zeit teilweise aufgehoben, historische Pläne erlauben jedoch noch einen Blick auf die Originalanlage. Die Vorliebe für Aussichtspunkte im 19. Jahrhundert lässt sich hier noch gut nachvollziehen, auch wenn die Bäume des zwölf Hektar umfassenden Greiffenhorstparks inzwischen den Blick von den Terrassen des restaurierten Gebäudes aus versperren.

Unsere Tipps

- Um Haus Greiffenhorst stehen alte Baumbestände aus Platanen, Blutbuchen, Holländischen Linden und Deutschen Eichen, die teilweise mehrere hundert Jahre alt sind.
- Sehenswert ist die mittelalterliche Wasserburg Linn, die von einem parkartigen Gelände umgeben ist (s. S. 62–65).
- Im Norden von Linn schließt sich ein weiterer historischer Ortskern an, der heute zwar zu den Krefelder Vororten zählt, aber eine ältere städtische Tradition aufweisen kann als das Zentrum. Wie Linn gehörte auch Uerdingen im Mittelalter zum kurkölnischen Gebiet. 1255 erhob der Kölner Erzbischof Uerdingen in den Rang einer Stadt.
- Das Krefelder Rathaus aus dem Jahr 1794 war das Stadtpalais der mennonitischen Kaufmannsfamilie von der Leyen. An die Weber erinnert am Südwall das Seidenweberdenkmal „Meister Ponzelaer" mit dem geschulterten Warenbaum.

Greiffenhorstpark, Greiffenhorst 1, Krefeld-Linn, der Park ist ganzjährig geöffnet und frei zugänglich

Mit der Straßenbahnlinie 044 bis Haltestelle Am Steinacker, mit der Buslinie 059 bis Greiffenhorst.

Die NiederRheinroute führt auch an der nahe gelegenen Burg Linn vorbei.

Die Wanderwege X 4 und X 5 verlaufen neben dem bzw. durch den Park.

Uerdinger Heimatmuseum, Alte Krefelder Str. 4, Krefeld-Uerdingen, Tel. (0 21 51) 48 12 14, Führungen nach Vereinbarung.
Kaiser-Wilhelm-Museum, Karlsplatz 35, Krefeld,
Tel. (0 21 51) 77 00 44, Di bis So 11–17 Uhr.
Krefelder Kunstverein im Buschhüterhaus, Westwall 124, Krefeld,
Tel. (0 21 51) 77 70 80.

Gehobene italienische Küche bietet die „Villa Medici", Schönwasserstr. 73, Krefeld, Tel. (0 21 51) 50 66 30, täglich 12–14 und 18– 22 Uhr geöffnet.

Kitsch und Kunst im Varieté Seidenstern, Ostwall 100, Krefeld,
Tel. (0 21 51) 60 76 60.

Stadtinformation, Von-der-Leyen-Platz 1, Krefeld,
Tel. (0 21 51) 86 15 01.

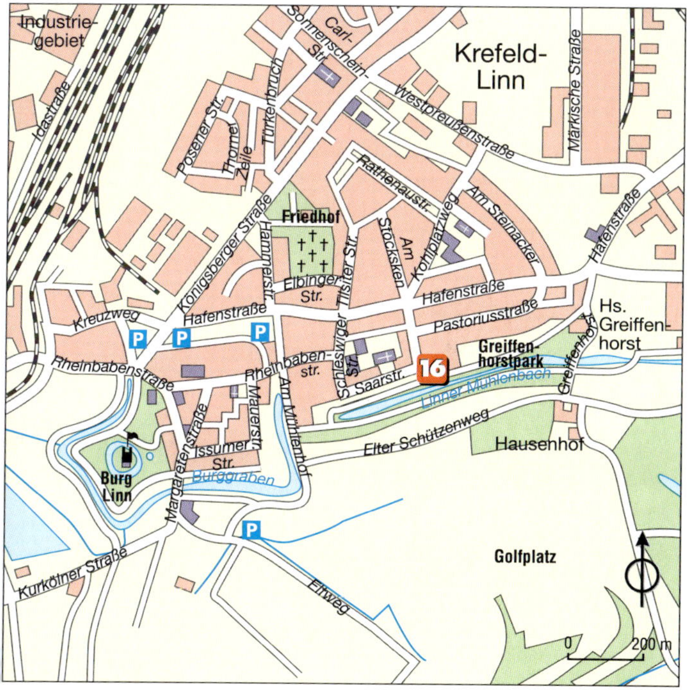

17

Expedition zu Tieren und Pflanzen

Nicht nur Zoologie, sondern auch Botanik wird hier groß geschrieben: der Park beeindruckt auf seinen 13 Hektar mit altem Baumbestand, großen Weideflächen, Teichen und mit Tierhäusern, die mit tropischen Pflanzen ausgestattet sind.

„Leihgaben der Natur", so nennt Zoodirektor Dr. Paul Vogt die Tiere im Krefelder Tierpark und spricht damit unsere Verantwortung gegenüber der Umwelt an. Indische Elefanten und Kalifornische Seelöwen, Australische Riesenkängurus und Zentralasiatische Schneeleoparden, Amerikanische Jaguare und Afrikanische Spitzmaulnashörner: Im Zoologischen Garten findet man Vertreter der Tierwelt aus – fast – der gesamten Welt. Besonders gefördert wird hier jedoch die Haltung südamerikanischer Tiere: das goldfarbene Löwenäffchen, der spitzmäulige Kleine Ameisenbär und der farbenprächtige Hyazinthara bilden neben dem Mähnenwolf nur einen Teil des reichen Tierbestands. Das Gehlen-Tropenhaus beherbergt Sakis, Tamanduas und Vampirfledermäuse. Unzählige tropische Schmetterlinge fliegen durch das ganze Haus.

Ein Kleinod des Parks ist die Vogeltropenhalle. In fünf Großvolieren werden Pflanzenbiotope aus verschiedenen Kontinenten mit den in ihnen lebenden Vögeln gezeigt. Das Reptilienhaus beherbergt zahlreiche Echsen, Schlangen und Krokodile. Im weitläufigen Affentropenhaus, das von üppiger Vegetation, frei fliegenden Vögeln und Flughunden umgeben ist, leben in offenen Freianlagen die drei Menschenaffenarten Gorilla, Orang-Utan und Schimpanse.

Unsere Tipps

- Kinder und Jugendliche können sich in der Zooschule mit dem Leben der Tiere vertraut machen.
- Ein Zooführer, der für 2,50 DM verkauft wird, informiert beim Gang durch den Park über die jeweiligen Gehege und ihre Bewohner.
- Elfrather See, Am Badezentrum 2, Krefeld, 100 Hektar großer Erholungspark im Nordosten der Stadt. Interessant für Segler, Surfer, Ruderer. Separater Badesee, Minigolf, Spielflächen.
- Pferderennbahn im Stadtwald, An der Rennbahn, Krefeld, Tel. 0 21 51/5 89 90 (Krefelder Rennverein).
- Nordwestlich von Krefeld liegt Kempen mit der historischen Altstadt. Von der mittelalterlichen Befestigung zeugen neben vielen weiteren interessanten Gebäuden das Kuhtor (um 1350), der Mühlenturm (1481) und der Peterturm (1522). Kultur bietet das Kulturforum Franziskanerkloster mit dem Museum für niederrheinische Sakralkunst und dem Kramer-Museum (s. S. 73).

Zoologischer Garten, Uerdinger Str. 377, Krefeld, Tel. (0 21 51) 9 55 20, Öffnungszeiten: April bis Sept. Mo bis Sa 8–17.30 Uhr, So und an Feiertagen 8–18 Uhr, Okt. bis März Mo bis So 9–17 Uhr, Eintritt: 10 DM, ermäßigt 5 DM

Mit dem Auto A 57, Abfahrt Krefeld-Zentrum.

Mit der Straßenbahnlinie 042 ab Hbf. Krefeld in Richtung Elfrath, mit der Linie 043 Richtung Uerdingen.

Erholsame Spaziergänge bieten die Wandergebiete Hülser Berg und Hülser Bruch.

Das Kulturforum Franziskanerkloster beherbergt das Städt. Kramer-Museum, ehemaliges Franziskanerkloster, mit schönen Stuckdecken und einer reichhaltigen Sammlung bürgerlicher Wohnkultur sowie das Museum für Niederrheinische Sakralkunst in der Paterskirche. Kempen, Tel. (0 21 52) 91 72 64, Di bis So 11–17 Uhr, Do 11–19 Uhr geöffnet.

Grotenburg-Schlösschen im Zoo, Café mit Terrasse, Tel. (0 21 51) 59 15 84, Mo bis Sa 10–18 Uhr, Fr 12–18 Uhr, So 10–18.30 Uhr.

Eisstadion Rheinlandhalle, Westparkstr. 126, Krefeld, Tel. (0 21 51) 87 88 80.

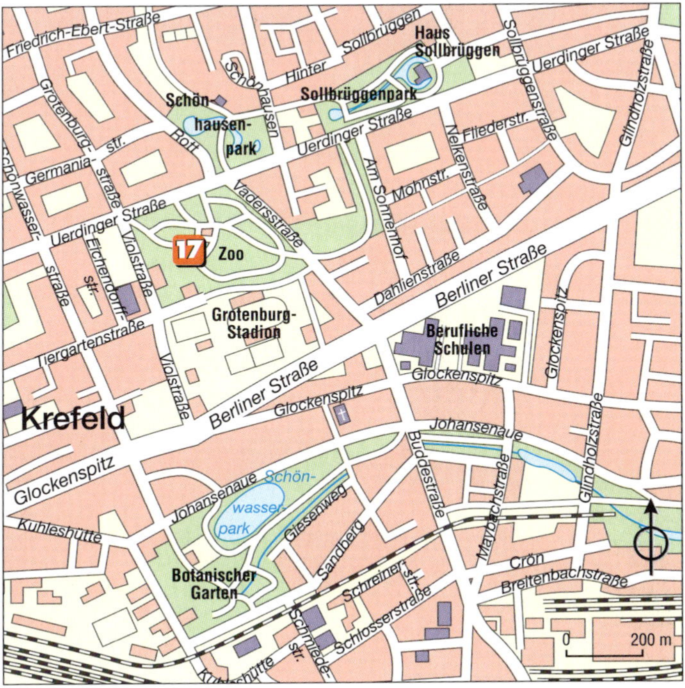

Enzian einmal nicht in den Bergen

Der Verzicht auf eine streng geometrische Anordnung der Pflanzensortimente vermittelt dem Besucher des Botanischen Gartens in Mönchengladbach den Eindruck eines reichhaltig ausgestatteten Parks. Zahlreiche heimische Vogelarten sind in der Voliere am Eingang an der Bettrather Straße untergebracht. Der Steingarten ist einer der Hauptanziehungspunkte der Anlage. Hier werden nicht nur blühende Stauden und Gehölze aus den alpinen Bereichen sämtlicher Erdteile, sondern auch Züchtungen, die sich besonders für den hiesigen Standort eignen, präsentiert. Mehr als 200 verschiedene Heilpflanzen umfasst der 1991 eingerichtete Apothekergarten. Heimische Wildpflanzen, Gebirgsflora wie Enzian und Thymian, Kulturpflanzen wie Paprika und Sellerie, aber auch tropische Vertreter wie Zimt und Kakao wurden hier gepflanzt. Der Kräutergarten verfügt über etwa 100 Arten von Küchenkräutern, Gewürz- und Teesorten.
Zu den Besonderheiten gehört der in den 70er Jahren konzipierte, so genannte Blindengarten, eine der ersten Anlagen dieser Art in Deutschland: auf einem Hochbeet sind Pflanzen durch Schilder in Blindenschrift gekennzeichnet. Gräser, Farne und Zwergkiefern sollen den Tastsinn anregen, Duftpflanzen wie Nelke, Waldmeister oder Maiglöckchen den Geruchssinn schulen.

Unsere Tipps

- Der Botanische Garten ist Bestandteil des Bunten Gartens, in den er ohne Abgrenzung übergeht. Der Bunte Garten geht zurück auf die Deutsche Rosenschau von 1928. Hauptattraktion ist das Blumenparterre mit seinen jahreszeitlichen Wechselpflanzungen. Zum Bunten Garten wird ebenfalls der Kaiserpark mit seinem hohen Baumbestand gezählt. Bunter Garten, Lettow-Vorbeck-Str./Bettrather Str., Mönchengladbach, der Eintritt ist kostenlos und frei zugänglich.
- Bresgespark Zoppenbroich, Zoppenbroichstr., Mönchengladbach. Dieser Park entstand 1984 auf dem Gelände einer aufgegebenen Textilfabrik mit mehreren Weihern, die von der Niers gespeist werden.
- Sehenswert ist das Mönchengladbacher Münster St. Vitus aus dem 11. Jahrhundert. Die Glasmalereien im zweibahnigen mittleren Chorfenster stammen aus der Zeit der Chorweihe um 1275. Die Schatzkammer zeigt sakrale Kunst als permanente Ausstellung, Öffnungszeiten: Di bis So 14–18 Uhr.
- Am Alten Markt findet man das älteste Gasthaus der Stadt, St. Vith, mit einem interessanten Giebel aus der ersten Hälfte des 17. Jahrhunderts.

Botanischer Garten, Bettrather Str., Mönchengladbach, ganzjährig geöffnet, frei zugänglich. Die Führungen sind kostenlos, Voranmeldung beim Grünflächenamt, Tel. (0 21 61) 25 68 35

Mit der Buslinie 009 bis Hagelkreuzstr.

Die Route R 13 entlang des östlichen Stadtrands ist empfehlenswert.

Tour X 4 führt direkt, X 3 nördlich am Botanischen Garten vorbei.

Museum Abteiberg, mit öffentlicher Bibliothek und Café mit Sonnenterrasse, Abteistr. 27, Mönchengladbach, Tel. (0 21 61) 25 26 31 oder 25 26 36, Öffnungszeiten: Di bis So 10–18 Uhr.

La Bodega, Weinlokal, Viersener Str. 180 (Nähe Wasserturm), Mönchengladbach, Tel. (0 21 61) 8 70 88, täglich 18–24 Uhr.

☞ Tiergarten Odenkirchen, Am Pixbusch, Mönchengladbach, ca. 450 Tiere, u. a. Tiger, Bären, Seehunde, mit Kinderzoo, Parkanlage mit Spielmöglichkeiten.

☞ Stadtinformation, Regentenstr. 21, Mönchengladbach, Tel. (0 21 61) 25 24 01, Internet: www.moenchengladbach.de.

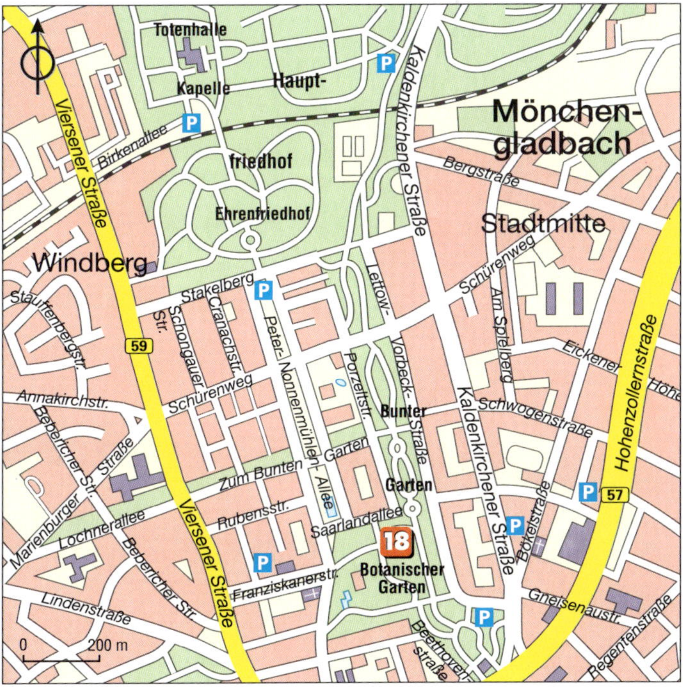

19

Renaissance-Schloss in schöner Grünanlage

Mit Torburg, Vorburg und Herrenhaus, mit Wall, Bastionen und Gräben ist Schloss Rheydt eine der am besten erhaltenen Wasserburgen der Renaissance am Niederrhein. Als Burg Rheydt seit 1180 bekannt, wurde sie 1345 zum „Offerhaus" der Grafen von Jülich. Ein Offerhaus diente im Kriegsfall dem Landesherrn als Zuflucht und nahm ihn mitsamt seinem Gefolge auf. Die Anlage erhielt ihre heutige Gestalt im 16. Jahrhundert. Italienische und niederländische Einflüsse mischen sich in dem reich geschmückten Schlossbau, den Otto von Bylandt 1558 bis 1567/68 von den Baumeistern Vater und Sohn Pasqualini errichten ließ. Der Renaissancebau des Herrenhauses und die Vorburg beherbergen heute ein Museum für Kunst und Kulturgeschichte der Renaissance und des Barock sowie Stadtgeschichte mit textilindustriegeschichtlichem Schwerpunkt. Erst kürzlich wurde die angrenzende Schlossmühle dem Museum angegliedert.

Die im 18. und 19. Jahrhundert zum Landschaftsgarten umgestalteten Außenanlagen wurden in den Jahren 1994–1997 nach Plänen der Wuppertaler Landschaftsarchitekten Rose und Gustav Wörner überarbeitet. Teilweise sind noch die ehemaligen Befestigungsanlagen zu erkennen. Der wiederhergestellte Bereich der Bastionsauen vermittelt ein Bild von der Wehrhaftigkeit der Schlossanlage im 16. und 17. Jahrhundert. Rundwege über die Wallanlagen und im Außenbereich mit 80 bis 100 Jahre alten Platanen und Blickschneisen auf das Schloss bieten ein abwechslungsreiches Natur- und Architekturerlebnis. Der Schlosspark mündet in ein großes Wald- und Wiesengebiet, den Elschenbruch, das sich entlang der Niers erstreckt.

Unsere Tipps

- Im Gegensatz zum landwirtschaftlich orientierten nördlichen Niederrhein sorgte im Gebiet zwischen Rheydt, Mönchengladbach, Dülken, Viersen und Krefeld eine stark expandierende Textilindustrie für deutliche Veränderungen. Um mittelalterliche Stadtkerne herum entstanden in den besten Lagen prachtvolle Villen, Wohnhäuser von Fabrikanten und aufwendig gestaltete öffentliche Gebäude.
- Haus Horst zwischen Giesenkirchen und Liedberg an der Geneickener Str. ist als Privatbesitz zwar nicht zu besichtigen, es führt jedoch ein schöner Spazierweg um das neugotische Wasserschlösschen mit der Vorburg aus dem 17. Jahrhundert. Von dort aus empfiehlt sich die Weiterfahrt nach Liedberg oder Schloss Dyck mit seiner beachtenswerten Parkanlage (s. S. 42–45).

Schlosspark Rheydt, Schlossstr., Mönchengladbach-Rheydt. Der Park ist kostenlos und frei zugänglich.

Mit der Buslinie 016 bis Schloss Rheydt.

R 13 verläuft entlang des Bungtwaldes und des Schlosses.

X 3 führt direkt an Schloss Rheydt vorbei.

Der Volksgarten (1893) an der Peter-Krall-Str./Carl-Diem-Str. lädt zu Spaziergängen ein. Neben alten Buchen sind ein Weiher mit Insel sowie ein Café-Restaurant die Attraktionen. Der Park geht nahtlos in den Bungtwald und das Naturschutzgebiet Elschenbruch über.

Städtisches Museum Schloss Rheydt, Schlossstr. 508, Mönchengladbach-Rheydt, Tel. (0 21 66) 92 89 00, von April bis September Di bis So 11–19 Uhr, von Oktober bis März Di bis Sa 11–16 Uhr und So bis 18 Uhr geöffnet.

Schlossstuben im Schloss Rheydt, Tel. (0 21 66) 2 25 15, Di bis So ab 11 Uhr.

Kultur am Abend und am Wochenende: Theater Mönchengladbach, Odenkirchener Str. 78, Tel. (0 21 66) 6 15 11 00, oder Kleinkunstbühne „Die Spindel", Haus Erholung, Abteistr. 11, Mönchengladbach, Tel. (0 21 61) 1 47 00.

20

Die Krone als Grundriss

Bereits zu Beginn des 11. Jahrhunderts bezeichnet eine lateinische Chronik Wickrath als „Castrum Wichinrod". Damit gilt ihre Kennzeichnung als früheste Burg an der Niers als gesichert. Das heutige Schloss ist ein Rudiment der barocken Neuanlage aus dem 18. Jahrhundert, die dem Baumeister Mathieu Soiron aus Maastricht zugesprochen wird – das Hauptgebäude musste jedoch schon 1859 wieder wegen Baufälligkeit abgerissen werden. Zeitgleich wurde die bedeutende barocke Parkanlage angelegt.

In den Gebäuden der symmetrisch angelegten Vorburg wurde im ausgehenden 19. Jahrhundert das preußische Landesgestüt untergebracht, heute befindet sich darin ein Restaurant.

Der Park ist recht verwildert, jedoch sind auf dem Schlossgelände noch bemerkenswerte vierreihige Lindenalleen aus der Zeit um 1775 erhalten. Der Grundriss der barocken Parkanlage zeichnet die Form einer Krone nach – die äußeren Alleen knicken stumpfwinklig ab, treffen sich in der Mittelachse und setzen sich als Trompeterallee in nordwestlicher Richtung fort. Die großen, das Schloss umgebenden Wasserflächen gelten ebenfalls als eine Besonderheit der barocken Anlage.

Der Schlosspark Wickrath bildet den Schwerpunkt der Euroga 2002, in deren Vorfeld der Schlossgarten nach historischen Vorlagen rekonstruiert werden soll. Abweichend vom bisherigen Konzept der Landesgartenschau mit einem Zentralgelände soll sie erstmalig als eine dezentrale Veranstaltung in verschiedenen Parkanlagen der Region umgesetzt werden. Neben dem Schlosspark Wickrath werden noch weitere sechs Gärten, darunter der Schlosspark Benrath (s. S. 30–33), der Greiffenhorstpark (s. S. 66–69) und der Schlosspark Neersen (s. S. 110–113), beteiligt sein.

Unsere Tipps

- In Wickrathberg lohnt ein Abstecher zur reizvollen evangelischen Kirche, die um 1770 im Stil des Rokoko prunkvoll ausgestattet wurde. Die Grafenloge ist mit dem von zwei Bären flankierten Wappen der Familie Quad bekrönt.

- Das Renaissance-Wasserschloss Rheydt ist einen Besuch wert. Das dort untergebrachte Museum stellt Kunst und Kulturgeschichte der Renaissance und des Barocks aus. Die Vorburg präsentiert Exponate zur Stadtgeschichte, in der die Entwicklung der Textilindustrie von großer Bedeutung war (s. S. 82–85).

Schlosspark Wickrath, Trompeterallee, Mönchengladbach-Wickrath. Der Park ist frei zugänglich, der Eintritt frei.

Mit der Buslinie 006, 016 oder 026 bis Trompeterallee bzw. Wickrath Markt.

Die Touren R 13 und R 16 führen direkt am Schloss Wickrath vorbei.

Ein örtlicher Wanderweg verläuft von Korschenbroich über Rheydt, am Schloss Wickrath vorbei, bis nach Wegberg.

Vogelkundliches Museum Schloss Wickrath, Tel. (0 21 66) 5 18 48 (privat), Öffnungszeiten nach Vereinbarung.

Schlosscafé und -restaurant Wickrath, mit Terrasse, Tel. (0 21 66) 5 96 22, Sa und So ab 10 Uhr, Mo bis Fr ab 11 Uhr.

Nur wenige Kilometer von Mönchengladbach entfernt erstreckt sich eine der schönsten Landschaften Deutschlands: der Naturpark Schwalm–Nette. Seltene Vogel- und Pflanzenarten, kleine Seen zwischen blühenden Wiesen machen ihn zu einem idealen Revier für Wanderer, Radfahrer, Reiter und Angler. Der Zeckverband Schwalm–Nette hat zahlreiche Wander- und Radwanderkarten herausgegeben. Info unter Tel. (0 21 62) 39 18 40.

21

Tulpenbaum und Kastanieneiche

Als nach dem Tod von Kaiser Wilhelm I. überall in den deutschen Städten Denkmäler aufgestellt wurden, standen die Rheydter Bürger vor der Entscheidung, ein großes Standbild auf dem Marktplatz zu errichten oder „dem ruhmreichen Heldenkaiser" einen Park zu widmen. 1892 fiel die Entscheidung zugunsten des Kaiserparks. Schon ein Jahr später konnte er der Öffentlichkeit übergeben werden. Dass dies so rasch möglich war, war nur der Freigebigkeit der Bürger und der Unterstützung des Fabrikanten Carl Schmölder zu verdanken. Schmölder plante und leitete die Anlage als Vorsitzender des Verschönerungsvereins. Der Park war mit seinem Restaurant und Ballsaal für 1.000 Personen bis zu seiner Verwüstung durch einen Bombenangriff 1943 Zentrum des gesellschaftlichen Lebens in Rheydt.

1949 wurde der Kaiserpark in Schmölderpark umbenannt. Heute ist die mittlerweile 15 Hektar große Anlage die grüne Oase im Zentrum von Rheydt, das nur wenige Minuten Fußweg entfernt liegt. Waldartige Bereiche mit schönem Altbaumbestand mit bis zu 180 Jahre alten Buchen, bepflanzten Beeten und ausgedehnten Wiesenflächen prägen das Bild dieses Parks. Abwechslung in den Gehölzbestand bringen zahlreiche besondere und seltene Baumarten wie etwa der Urweltmammutbaum, der Lederhülsenbaum, der Tulpenbaum oder die Kastanieneiche. Eine an die Westseite anschließende Verbindung führt zum Stadtwald Rheydt.

Unsere Tipps

- Eine Minigolfanlage bringt besonders für Kinder Ablenkung beim Sonntagsspaziergang.
- Mönchengladbach: An der Viersener Str./Abzweigung Lindenstr. überragt ein technisches Denkmal die Stadt. Der Neue Wasserturm aus dem Jahr 1909 ist wahrscheinlich Deutschlands schönster Jugendstil-Wasserturm mit einer orientalisch anmutenden Dachzone.
- Nicht weit entfernt liegt die Stadt Korschenbroich, deren Ortschaften bereits im 12. Jahrhundert erstmals urkundlich erwähnt wurden. Neben der Nutzung von vielfältigen Sportangeboten – außer Hallenbad und Sauna mehrere Reitställe und zwei 18-Loch-Golfplätze – lädt ein großzügig angelegtes Wanderwegenetz zu Erkundungen und Erholung ein. Architektonisch interessant sind die Ortschaft Liedberg sowie die Schlösser Myllendonk und Liedberg.

Schmölderpark, Schmölderstr., Mönchengladbach-Rheydt, nur wenige Gehminuten vom Bahnhof und Zentrum des Stadtteils Rheydt entfernt. Der Park ist ganzjährig geöffnet, Eintritt frei.

Deutsche Bahn AG bis Rheydt-Mitte, mit der Buslinie 020 oder 022 bis Haltestelle Bäumchensweg oder Schmölderpark.

Die Route R 13 verläuft östlich vom Park.

Der Wanderweg X 4 führt von Mönchengladbach-Ohler bis Mönchengladbach-Dahl nördlich von Rheydt.

Galerie G.A.M.E.S of art, Sophienstr. 29, Mönchengladbach, Tel. (0 21 61) 4 37 57, Di bis So 12–18 Uhr.

Café-Restaurant Vitrine, ein in den 50er Jahren entstandener Bau mit Terrasse, im Schmölderpark, Tel. (0 21 66) 37 07 98.

Unweit von Schloss Rheydt liegen in der Niersniederung noch einige weitere sehenswerte Herrenhäuser. Haus Zoppenbroich stammt aus dem 14. Jahrhundert. Das Wirtschaftsgebäude aus der Zeit um 1700 und das Wohnhaus aus dem Jahr 1880 beherbergen heute ein bekanntes Gestüt.

Wallanlagen als Promenaden

Seit der von Friedrich dem Großen 1763 verfügten Zerstörung verfielen die Moerser Festungsanlagen zusehends, bis der Textilfabrikant Friedrich Wintgens (1770–1856) die alte Schlossanlage erwarb. Das Schloss wurde in der heutigen Gestalt aufgebaut, darüber hinaus ließ Wintgens um 1836 das angrenzende Areal in einen Park umgestalten.

Für dieses Projekt konnte er einen der bedeutendsten Gartengestalter seiner Zeit, den Düsseldorfer Maximilian Friedrich Weyhe, gewinnen. Dieser hatte neben vielen anderen Parks in Deutschland den Düsseldorfer Hofgarten, den Park des Zisterzienserklosters Graefenthal und den Forstgarten in Kleve neu konzipiert.

Mit der Neugestaltung des Moerser Schlossparks wurde eine Tendenz aufgegriffen, die mit dem Ende des 18. Jahrhunderts unter der Bezeichnung „Englischer Landschaftspark" aufgekommen war: Der Gartenbau tendierte dazu, die natürlichen Gegebenheiten von Landschaft und Bewuchs nicht in künstliche Formen zu zwängen, sondern sie allenfalls im Interesse größerer Harmonie und deutlicher Wirkung behutsam zu stilisieren. Um immer wieder andere Ausblicke anzubieten, setzte Weyhe Rasenflächen, Blumenrabatten und Bäume akzentuiert ein, wobei er im Schlosspark die sternförmig verlaufenden Festungsgräben als Gewässer und die Wallanlagen als Promenaden in seinen Entwurf mit einbezog. Mit der Übergabe des Schlosses 1905 ging auch die Parkanlage in den Besitz der Stadt über und wurde der Öffentlichkeit zugänglich gemacht.

Der benachbarte 34 Hektar große Freizeitpark geht unmittelbar in den alten Schlosspark über. Den Moersbach begleitend, bietet er mit Skateboardanlage, Rodelberg, Grillplätzen und einem Japanischen Garten eine Vielzahl von Möglichkeiten zur Erholung und sportlichen Betätigung. Im Süden schließt sich das Naturfreibad Bettenkamp an.

Unsere Tipps

- Im Rahmen der Jubiläumsfeier zum 700-jährigen Bestehen der Stadt wurden Geschichtsstationen – Schaukästen mit Infotafeln – an allen historisch interessanten Stätten aufgestellt, die zu 50 Ereignissen aus der Moerser Geschichte Auskunft geben. Hierzu können über die Stadtinformation Führungen gebucht werden.
- Moers alljährlich im Jazz-Fieber: Für drei Tage bietet der Schlosspark Obdach für das renommierte Moerser Jazzfestival. Karten der jeweiligen Programme unter Tel. (0 28 41) 20 17 22.
- Sehenswert in der Nachbarstadt Neukirchen-Vluyn – noch aus alten Bergbauzeiten – sind die Zechensiedlungen „Alte Kolonie" (1917–1925) und „Neue Kolonie" (1926–1930).

Schlosspark Moers, Kastell, Moers. Der Park ist frei zugänglich, der Eintritt frei, Führungen nach Voranmeldung bei der Stadtinformation.

Mit der Buslinie 911, 912 oder 929 bis Königlicher Hof.

Am Park vorbei führt Route R 15 quer durch die Stadt Moers.

Fast um das gesamte Parkgelände herum verläuft die Tour X 12. Einen schönen, nicht allzu langen Spaziergang verspricht der Rundgang um die Schwafheimer Seen im Süden von Moers.

Grafschafter Museum im Moerser Schloss, Kastell 9, Tel. (0 28 41) 2 80 94, Di bis Fr 9–18 Uhr, Sa, So und an Feiertagen 11–18 Uhr geöffnet.
Städtische Galerie Peschkenhaus, Meerstr. 1, Moers, Tel. (0 28 41) 20 17 38, Di bis Fr 12–18 Uhr, Sa 11–14 Uhr, So und an Feiertagen 11–17 Uhr.
Privates Niederrheinisches Motorradmuseum, Friemersheimer Str. 106, Moers-Asberg, Tel. (0 28 41) 50 85 22, Öffnungszeiten: Sa 14–18 Uhr, So und an Feiertagen 11–16 Uhr, vom 1. November bis 31. März geschlossen.

Leonardo im Parkcafé, mit Restaurant, Biergarten, Café, Kastell 17, Moers, Tel. (0 28 41) 2 07 00, Di bis So ab 12 Uhr.

Stadtinformation, Unterwallstr. 9, Moers, Tel. (0 28 41) 20 17 77.

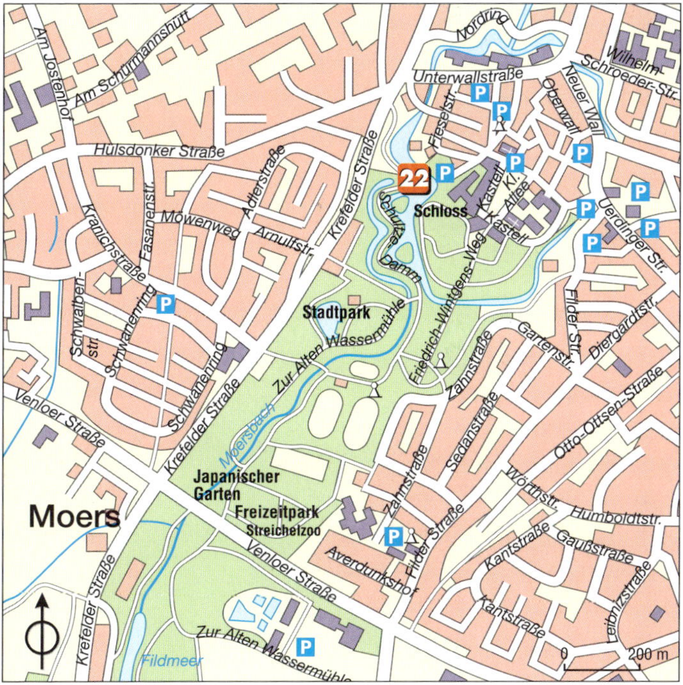

23

Seltene Bäume aus dem 19. Jahrhundert

Die reizvoll im Park gelegene Wasserburg Ingenhoven wurde 1403 erstmals genannt. Das zweigeschossige Herrenhaus mit hohem Walmdach, kleinen Ecktürmen und Torburg wurde im 19. Jahrhundert im neugotischen Stil umgebaut, wovon die Kreuzstockfenster zeugen.
Da das historische Kartenmaterial keine Hinweise auf eine alte Gartenanlage bietet, nimmt man an, dass der heutige Park in seiner ursprünglichen Form nach 1867 entstanden ist. Er erstreckte sich bis zum Ende des 19. Jahrhunderts weiter in Richtung Boishaim, jedoch wurde der südlich gelegene Teil abgetrennt, als in unmittelbarer Nachbarschaft des Parks Haus Erlenbroich im klassizistischen Baustil entstand. Zum Haus gehört der dendrologisch wertvollere Teil der alten Parkanlage von Ingenhoven. Anhand der bis heute sichtbaren Terrassierung lässt sich erkennen, dass es vor der Burg wahrscheinlich einen barocken Parterregarten gegeben haben muss, der jedoch verwilderte. Aus dieser Zeit stammen einige Reste alter Eiben- und Hainbuchenhecken, die kleine Sitzecken markieren. Der größte Teil des Parks ist inzwischen jedoch nach zeitgemäßen gartenarchitektonischen Gesichtspunkten gestaltet. Bemerkenswert sind vor allem die Gehölze, die zum Teil aus der Mitte der 19. Jahrhunderts stammen und einen Eindruck von der damals üblichen Auswahl der Gehölzarten vermitteln: Tränenkiefer, Griechische Tanne, Riesenlebensbaum, Amerikanischer Mammutbaum und viele mehr.
Der zentral liegende, zirka drei Hektar große Stadtpark besitzt neben seinem wertvollen alten Baumbestand eine künstliche Wasseranlage mit einer Insel und Wasserfontänen.

Unsere Tipps

- Seit einigen Jahren ist auf der Burg ein Restaurant untergebracht.
- Alljährlich wird im Stadtteil Kaldenkirchen das Frühlingsfest gefeiert. Unter anderem wird – zum Teil kostenlos für die Zuhörer – eine „Spring-Jam" mit bis zu zehn Musikgruppen organisiert.
- Sequoiafarm in Nettetal-Kaldenkirchen, Buschstr. 98. Das Arboretum mit zirka 600 Pflanzenarten wurde nach dem Zweiten Weltkrieg angelegt. Der Eintritt ist frei, Tel. (0 21 57) 1 20 51 81.
- Der Schlosspark Krickenbeck, eine barocke Gartenanlage, die im 19. Jahrhundert teilweise landschaftlich, später im neobarocken Stil überformt wurde, ist leider nur alle zwei Jahre am „Tag der offenen Tür" zu besichtigen, Tel. (0 21 52) 91 70.

Ingenhovenpark, Hochstr./Marktstr., Nettetal-Lobberich. Der Park ist frei zugänglich, der Eintritt frei.

🚌 Mit der Buslinie S 385, 064, 092 oder 093 bis Haltestelle Doerkesplatz.

🚲 Westlich an Lobberich vorbei entlang der Seenfolge führt die Route X 9.

🚶 Die Tour R 9 ist streckenweise mit der „2-Länder-Route" und der Tour „Rund ums Rheinland" identisch und führt westlich an Lobberich vorbei.

🏛 Textilmuseum Die Scheune, Krickenbecker Allee, Tel. (0 21 53) 6 08 51 oder (0 21 62) 1 35 24, Öffnungszeiten: So 11–18 Uhr. Wechselausstellungen in der Galerie im Rathaus, Doerkesplatz 11, Nettetal, Tel. (0 21 53) 21 93, Mo bis Mi 8–16.30 Uhr, Do 8–18 Uhr, Fr 8–13 Uhr und So 10–12 Uhr.

🍴 Burg Ingenhoven, mit Terrasse im Burghof und Gewölbekeller, Burgstr. 10, Nettetal-Lobberich, Tel. (0 21 53) 91 25 25, Di bis So Mittagstisch und ab 17 Uhr geöffnet.

🏃 Die Strandbäder Quellensee, Krickenbecker See und Poelvenn sind saisonbedingt geöffnet, Infos gibt es bei der Stadt Nettetal.

☞ Stadtinformation, Doerkesplatz 11, Nettetal, Tel. (0 21 53) 8 98 13 00.

24

Wiesen, Wälder und Feuchtauen mit Kunstpavillons

Am Niederrhein trifft man auf so genannte Motten, künstliche Hügel, die als eine Frühform der Wasserburg vor feindlichen Angriffen schützen sollten. Die Motte Hombroich, heute bekannt als Museum Insel Hombroich, hat eine vergleichbare Vergangenheit.
In einer Park-, Auen- und Terrassenlandschaft, die von dem Landschaftsplaner Bernhard Korte erarbeitet wurde, liegen zehn, zum Teil durch Buschwerk verborgene, skulpturenartige Bauten nach Entwürfen von Erwin Heerich. Relikte aus einer anderen Zeit, zum Beispiel ein Herrenhaus aus dem 19. Jahrhundert mit Resten eines englischen Landschaftsgartens, fügen sich nahtlos ein.
In einem Großteil der Gebäude ist die Sammlung des Besitzers der Museumsinsel, Karl-Heinrich Müller, nach einem ungewöhnlichen Konzept ausgestellt: Khmer-Skulpturen neben der Malerei von Gotthard Graubner, Federkleider aus Peru im Kontext mit Stabile-Mobile-Skulpturen von Alexander Calder – auf Hinweisschilder ist verzichtet worden.
Der alte Baumbestand besteht zumeist aus Platanen, die zum Teil durch Blumenfelder abgegrenzt werden. Um die Pavillons erschließen zu können, führen neben Wasserflächen und Feuchtauen Wege durch die üppige Vegetation. Ähnlich dem Arnheimer Kröller-Müller-Museum mit seinem Skulpturenpark (s.S. 122–125), das in den 20er Jahren entstand, wird die Idee der Symbiose von Kunst und Natur verwirklicht. Einzelne Gebäude der Insel können für Veranstaltungen angemietet werden.

Unsere Tipps

- Kunst des 19. und 20. Jahrhunderts sowie Sammlungen zur Stadtgeschichte präsentiert das Clemens-Sels-Museum mit Haus Rottels.
- Das Globe-Theater, eine Rekonstruktion des legendären Globe-Theatre in London, zeigt in den Sommermonaten alljährlich Aufführungen im Rahmen des Shakespeare-Festivals.
- An der Ostseite des Münsterplatzes in Neuss bildet der mächtige Westbau der ehemaligen Stiftskirche St. Quirinus eine reiche Schaufassade aus dem 13. Jahrhundert. Südöstlich vom Chor der Stiftskirche steht die Kirche des ehemaligen Observantenklosters aus der Zeit um 1640. Neben ihrem Chor im Osten sind noch Reste der Stadtmauer erhalten. Vor der Mauer lag im Mittelalter der Hafen am direkt an der Stadt vorbeifließenden Rhein.
- In der südlich vor der Stadt gelegenen Siedlung Gnadental wurde beim römischen Lager, das sich hier an der Erftmündung befand, ein Kultkeller der Magna-Mater-Religion aus dem 4. Jahrhundert ausgegraben und in einem Schutzbau erhalten.

Museum Insel Hombroich, Minkel 2, Neuss-Holzheim, Tel. (0 21 82) 20 94, geöffnet Februar bis November, Sommer 10–19 Uhr, Winter 10–17 Uhr. Eintritt: Sa, So und an Feiertagen 25 DM, Mo bis Fr 20 DM, Kinderermäßigung, Führungen nach Voranmeldung

Bf. Neuss, mit den Buslinien 869 oder 872 bis Insel Hombroich, mit dem Auto A 57 bis Neuss-Reuschenberg oder A 46 bis Grevenbroich-Kapellen, ab beiden Ausfahrten ausgeschildert.

Über die Radwanderwege R 15 u. R 16 gelangt man zur Museumsinsel, das Fahrrad muss jedoch vor der Pforte abgestellt werden.

Die Route X 2 führt an der Insel vorbei, aber auch durch das Museumsgelände selbst kann man ausgiebige Wanderungen machen.

Clemens-Sels-Museum, Am Obertor, Neuss, Tel. (0 21 31) 90 41 41, Di bis So 11–17 Uhr geöffnet.

Globe-Theater, An der Rennbahn, Neuss, Tel. (0 21 31) 27 32 42, Programm und Karten für das Shakespeare-Festival gibt es bei der Stadtinformation.

Stadtinformation, Markt 4, Neuss, Tel. (0 21 31) 27 32 42.

25

Bürgerpark aus der Zeit um 1900

Die Gartenanlage lässt sich in keinen klassischen Stil einordnen. Der streng symmetrische Aufbau barocker Parkanlagen wurde mit einzelnen dekorativen Elementen kombiniert wie etwa mit Rankgerüsten, die dem Jugendstil zuzuordnen sind. Der kurz nach der Eröffnung entstandene Märchen- oder Zwergenbrunnen galt als besonderer Anziehungspunkt für Jung und Alt. Kriegsschäden veränderten das Aussehen der Anlage, zugleich war sie durch die starke Beschattung der Bäume für die Leitpflanze Rose als Standort ungeeignet geworden. Seit 1992 und 1996 gibt es Rekonstruierungsmaßnahmen unter Bezugnahme historischer Vorlagen. Das Fehlen von alten Bepflanzungsplänen lässt heute neben älteren Rosensorten auch neue Züchtungen zu. Erneut unter Mithilfe der Bürger, besonders des örtlichen Verkehrsvereins, konnte 1998 der Rosengarten wieder eröffnet werden – noch ohne die beliebte Brunnenanlage, doch auch hier gibt es bereits weitere Planungen.

Der Rosengarten ist Teil der öffentlichen Grünanlagen der Stadt Neuss. Neben der Promenade auf der ehemaligen Wallanlage, die auf Pläne von Maximilian Friedrich Weyhe zurückgeht, wurde der Alte Stadtpark um 1900 eröffnet, der Neue Stadtpark nur wenige Jahre später, nämlich 1904/05. Alter und Neuer Stadtpark sind eher ursprünglich angelegt worden, mit geschwungenen Wegen und heimischem gemischtem Baumbestand. Exotische Bäume wie etwa Gingko oder Affenbrotbaum bilden die Ausnahme. In beiden Stadtparks gibt es jeweils einen See mit Wasserspielen: die Brunnenanlage des älteren geht mit ihrer Fontäne auf Originalpläne zurück, die Springbrunnenanlage im Neuen Stadtparks ist späteren Datums. Alle Grünanlagen – Rosengarten, Alter und Neuer Stadtpark – sind miteinander verbunden, sodass sie als Rundgang erschlossen werden können.

Unsere Tipps

- In unmittelbarer Nähe des Rosengartens liegen beim Obertor auf der Promenadenstraße die mittelalterlichen Stadtmauertürme „Blutturm" und „Windmühlenturm". Über die frühere Nutzung darf man mutmaßen.
- Der heutige Selikumer Park, Aurinstr./Nixhütter Weg in Neuss-Reuschenberg, hat seinen Ursprung in der historischen Parkanlage des Reuschenberger Schlosses. Das Arboretum wurde 1958 innerhalb des Parks angelegt, wenig später kam ein Wildgehege hinzu. Der Kinderbauernhof der Stadt Neuss grenzt unmittelbar an den Park an. Im Zuge der Parksanierung zu Beginn der 90er Jahre wurde ein Landschaftslehrpfad in die beliebte Naherholungsanlage integriert.

Rosengarten, Friedrichstr./Promenadenstr., Neuss. Der Zugang zum Garten ist frei und kostenlos.

Deutsche Bahn AG bis Neuss Bf., ab hier zu Fuß erreichbar.

Auf der Tour R 17 erreicht man den Rosengarten, die Kieswege können mit dem Rad befahren werden.

Die Route X 2 führt am Rosengarten vorbei. Interessant ist es, den Rundgang durch diese Grünfläche mit dem Alten und Neuen Stadtpark zu verknüpfen (s. S. 102–105).

Café-Restaurant Weißes Haus, Michaelstr. 65, Neuss, Tel. (0 21 31) 27 78 69, täglich ab 10 Uhr geöffnet.

Rheinisches Landestheater Neuss, Drususallee 8, Neuss, Tel. (0 21 31) 26 99 22, Theaterkasse Tel. (0 21 31) 26 99 33.

Theater am Schlachthof, Blücherstr. 29, Tel. (0 21 31) 27 78 67, Theaterkasse Tel. (0 21 31) 27 75 83.

Äußerst sehenswert ist die Ausgestaltung der Heilig-Geist-Kirche in Neuss, Neusser Weyhe 70. Sie wurde von dem Viersener Künstler Georg Ettl 1999 abgeschlossen. Gezeigt werden zumeist anhand von Figuren im Halbprofil Szenen aus dem Alten und Neuen Testament.

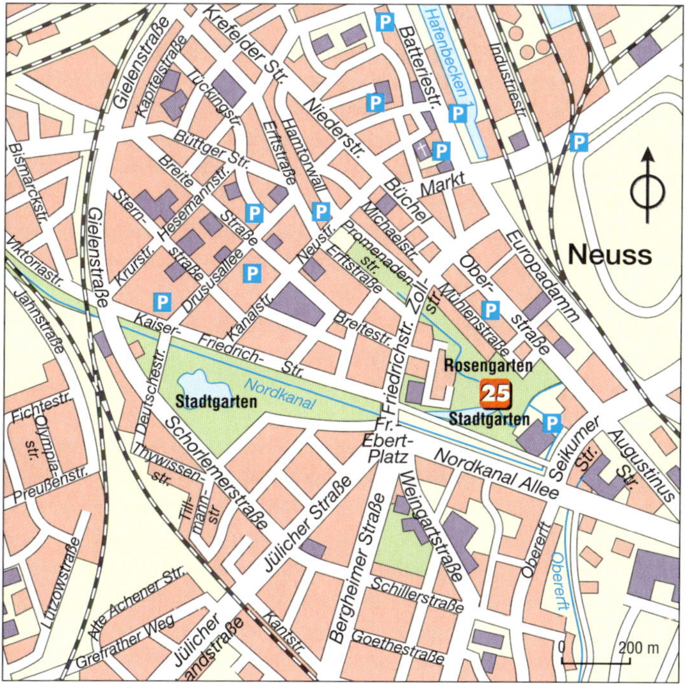

26

Klein – aber neobarock

Die Industrialisierung brachte einen rasanten Bevölkerungszuwachs mit sich, der einen Bebauungsplan notwendig machte, um städtebaulichen Wildwuchs zu vermeiden. Der Viersener Stadtbauplan entsprach den Erfordernissen und dem Geschmack seiner Zeit. Die Anlage des Alten Stadtgartens passte sich diesem Plan an. Der recht überschaubare Park besitzt einen neobarocken Charakter mit zeitgenössischen Elementen des Jugendstils und wurde 1901 von dem Düsseldorfer Gartenarchitekten Reinhardt entworfen. Der Garten ist symmetrisch aufgebaut, die Vegetation durch Eibenhecken und Solitäreiben in Kegel- und Kegelstumpfform gekennzeichnet. Schmuckbeete ergänzen die Gartengestaltung. Im Mittelpunkt der Parkanlage befindet sich ein Wasserbecken, das einseitig von einer geschwungenen Brüstung mit Kandelabern aus Sandstein eingefasst ist. Wasser speiende Löwenköpfe schmücken die vorspringende Balustrade.
Da der Alte Garten in Viersen recht schnell erkundet ist, sollte man noch einen Blick auf die Skulpturensammlung im Rathauspark werfen. Hier steht die ehemalige Fabrikantenvilla, die zeitweilig auch dem Begründer von „Kaiser's Kaffee", Kommerzienrat Kaiser, als Verwaltungssitz diente. Sie beherbergt seit 1981 die Städtische Galerie im Park. In unmittelbarer Nachbarschaft entstand in den letzten Jahren ein Skulpturenpark mit Werken von Karl Horst Hödicke, David D. Lauer, Erwin Heerich, Mark di Suvero, Tony Cragg und Wolfgang Nestler. Den Rathauspark erreicht man über die Bahnhofstraße und Königsallee.

Unsere Tipps

- Die Festhalle Viersen entstand um 1912 im historisierenden Stil am Hermann-Hülser-Platz. Klassizistische Formen wie etwa Säulen, Pilaster und ein Ziergiebel mit musizierendem Paar neben dem historischen Stadtwappen zieren die Fassade. Die Sinfoniekonzerte bilden einen Schwerpunkt im kulturellen Leben der Stadt. Das Programm ist bei der Stadtinformation erhältlich.
- Die restaurierte Viersener Generatorenhalle der Stadtwerke ist heute ein Industriedenkmal.
- Das 1906 erbaute und 1995 restaurierte Viersener Stadtbad zählt zu den wenigen erhaltenen Jugendstilbädern in Deutschland.
- Einzigartig ist im Nachbarort Dülken die Dülkener Narrenakademie in der ehemaligen Kornmühle. Ihre lange Tradition ist anhand alter Dokumente seit 1741 belegt. Sehenswert ist zudem das Alte Dülkener Rathaus mit Gefangenenturm.

Alter Stadtgarten, Bahnhofstr./Ecke Burgstr., Rathauspark am Rathaus, Viersen. Die Anlagen sind frei zugänglich, Eintritt ist frei.

🚌 Mit der Buslinie VVG 19 oder CE 89 bis Casinogarten.

🚲 X 3 verläuft westlich von Viersen.
Naturkundl. Exkursionen im Naturpark Schwalm–Nette, s. S. 85, Geschäftsstelle Rathausmarkt 3, Viersen, Tel. (0 21 62) 39 18 40.

🚶 Die Tour R 4 führt westlich an Viersen vorbei.

🏛 Städtische Galerie im Park, Am Rathauspark 1, Viersen, Tel. (0 21 62) 10 11 60, Di bis Fr 15–18 Uhr, So 11–13 und 15–18 Uhr geöffnet.

🍴 Altes Muschelhaus, Große Bruchstr. 35, Viersen, Tel. (0 21 62) 1 41 16.
Historischer Gasthof Kaisermühle, An der Kaisermühle 20, Viersen, Tel. (0 21 62) 3 00 33, täglich von 12–14.30 Uhr und ab 18 Uhr geöffnet. Reservierung notwendig.

☞ Besonders beachtenswert sind in der Königsallee, Viersen, repräsentative Bürgerhäuser der verschiedenen Richtungen des Historismus (neoklassizistisch: Haus Nr. 18, neugotisch: Nr. 18a, b, neubarock: Nr. 20).

☞ Stadtinformation, Bahnhofstr. 23, Viersen, Tel. (0 21 62) 10 12 25, Internet: www.stadt-viersen.de.

27

Exotische Bäume als Indiz

Der ursprüngliche Sitz der Vögte von der Neers wurde im Mittelalter zu einer großen Burg mit Burgfried ausgebaut, die in der Zeit von 1669 bis 1725 einer dreiflügeligen Schlossanlage mit quadratischen Türmen weichen musste. Da der Umbau aus Repräsentationsgründen erfolgte, ist anzunehmen, dass zeitgleich ein französischer Barockgarten angelegt worden ist. Bestätigt wird dies anhand von Zeichnungen, die Graf von Virmond 1725 zur Erfassung seines Besitzes anfertigen ließ und die den folgenden Zustand wiedergeben: Der große Innenhof wurde von einem Grabensystem eingeschlossen. Kugelbäume, Eibenpyramiden und Statuen reihten sich wechselweise an den Promenadenweg, der um den zentralen Weiher herumführte. In einer Zone mit quadratischen Broderieteppichen wiesen schwungvolle Buchsbaumdekorationen auf das Zentrum der Beete. Die Zwischenfelder waren mit farbigem Kies aufgefüllt. Hohe Doppellaubhecken umschlossen den Garten und spendeten Schatten bei Spaziergängen.
Um 1899 wurde ein Teil der Gesamtanlage, der auch die unmittelbare Schlossumgebung umfasste, nach englischem Vorbild umgestaltet. Neben einer Vielzahl heimischer Gehölze wachsen exotische Baumarten, deren Auswahl vermuten lässt, dass auch hier Maximilian Friedrich Weyhe zumindest beratend tätig gewesen ist. Bis 2002 soll im Rahmen zukünftiger Rekonstruktionsarbeiten das umlaufende Grabensystem der Gartenanlage wieder mit Wasser gefüllt sein. Im Schloss Neersen hat heute die Stadtverwaltung ihren Sitz.

Unsere Tipps

- Schloss Neersen bietet im Sommer die herrschaftliche Kulisse für die alljährlich stattfindenden Neersener Festspiele. Das professionelle Ensemble spielt Stücke aus der Weltliteratur.
- Sehenswert: Haus Broich aus dem 13. Jahrhundert, Haus Stockum (1619), ein Herrenhaus der ehemaligen Wasserburg in Vennheide sowie die nach dem Vorbild der Jerusalemer Grabeskirche erbaute einschiffige Kapelle „Klein Jerusalem". Gerhard Vynhoven, ein Militärgeistlicher des Feldherrn Jan van Werth, stiftete sie 1652 nach einer Reise ins Heilige Land. Der Kölner Erzbischof bestätigte sie später als Gnadenkapelle.
- Südlich des Autobahnkreuzes Neersen liegt neben der Trabrennbahn das weit reichende Areal des Flughafens Mönchengladbach. Hier kann man Propellermaschinen bei Start und Landung beobachten.

Schlosspark Neersen, Hauptstr. 6, Willich-Neersen, der Park ist frei zugänglich

Mit der Straßenbahnlinie 042 bis Station Stahldorf (Endstation), weiter mit der Buslinie 056 bis Neersen.

Zwischen Willich und Neersen verlaufen Radtour X 3 und Wanderweg R 13.

Temporäre Galerie Schloss Neersen, wechselnde Ausstellungen und Öffnungszeiten, Hauptstr. 6, Tel. (0 21 54) 94 96 28.

Haus Probst, Hauptstr. 28, Willich-Neersen, Tel. (0 21 56) 50 16, täglich 11.30–14 Uhr und ab 17.30 Uhr geöffnet.

Gaststätte Neukirchen, Virmondstr. 11, Tel. (0 21 56) 51 78, Di bis Sa ab 17 Uhr, So ab 18 Uhr.

Freizeitbad De Bütt, ganzjährig geöffnet, Zum Schwimmbad, Willich, Tel. (0 21 56) 94 94 94.

Stadtinformation, Schloss Neersen, Hauptstr. 6, Tel. (0 21 56) 94 91 65, Internet: www.stadt-willich.de.

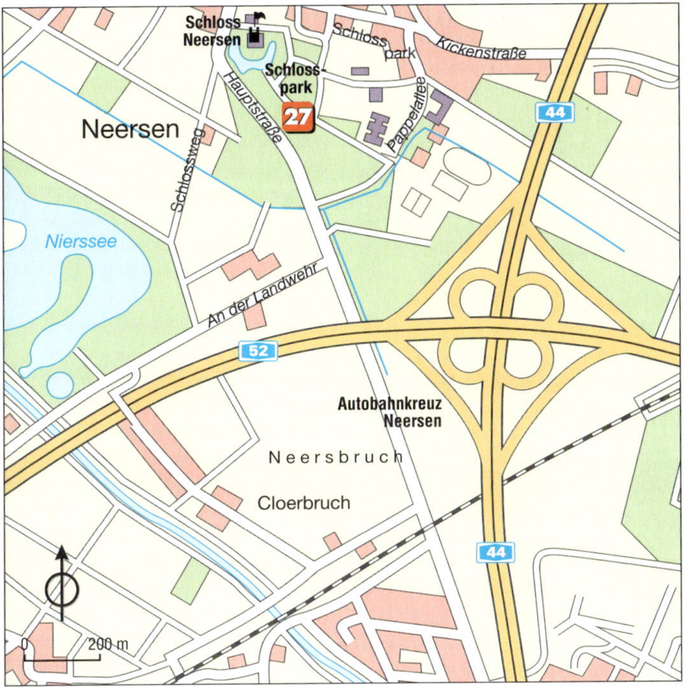

28

Auf den Spuren der Römer

Parkerlebnisse ganz ungewöhnlicher Art erwarten den Besucher im Archäologischen Park in Xanten. Ungewöhnlich insofern, als dass die Grünflächen und Hecken nicht um ihrer selbst willen angelegt wurden, sondern Strukturen der ehemaligen römischen Siedlung Colonia Ulpia Traiana nachzeichnen. Heute erkennt man das ehemalige schachbrettartig verlaufende Straßensystem anhand von Baumreihen und Hecken. Als einzige große Römersiedlung nördlich der Alpen, die nicht überbaut wurde, gilt der Archäologische Park als eine touristische Attraktion am Niederrhein. Einen umfassenden Überblick über das Areal erhält man von einem der Wehrtürme, Bestandteil der rekonstruierten Stadtmauer, die den Park im Norden, Osten und Süden begrenzt.
Besonders imposant ist die Rekonstruktion einiger hoher ionischer Säulen mit Giebelfragment. Hier wurde ein Teil des ursprünglichen Hafentempels auf dem antiken Fundament neu aufgebaut. Im Südosten der Colonia lag das gewaltige Amphitheater, das beinahe 10.000 Besucher fasste. Die blutigen Tier- und Gladiatorenkämpfe sind den Theater- und Konzertaufführungen gewichen, die heute die Besucher in das rekonstruierte Oval locken.
Mit Kümmelbrot und Mulsum, einem gewürzten Wein nach altrömischem Rezept, kann man sich in der Herberge nach einer ausgedehnten Entdeckungstour verwöhnen lassen. Das Spielehaus lädt zu Gesellschafts- und Geschicklichkeitsspielen nach Art der alten Römer ein.
1999 wurde der Geschichtspark um die große Thermenanlage erweitert. Die Ausgrabungen sind noch nicht abgeschlossen – so hat man Gelegenheit, während der Führungen den Archäologen bei der Arbeit über die Schulter zu schauen.

Unsere Tipps

- Das dem Archäologischen Park angegliederte Regionalmuseum zeigt einzigartige Funde aus dem Alltagsleben der römischen Zivilbevölkerung und des Militärs.
- Einmal im Jahr ein römischer Soldat zu sein wie bei Asterix und Obelix, davon träumen auch Erwachsene. Einige haben ihre Träume umgesetzt: Jeweils im Frühjahr findet ein großes Treffen statt, das zahlreiche Schaulustige anzieht.
- Der mittelalterliche Stadtkern der Stadt Xanten mit attraktiven Parkanlagen in der Wallgrabenzone lädt zu weiteren Entdeckungstouren durch die Geschichte ein.
- Der romanisch-gotische Dom St. Viktor in Xanten beherbergt den Antoniusaltar mit Malereien von Jan Baegert. Der Marienaltar im südlichen Seitenschiff, der um 1535 in der Werkstatt Heinrich Douvermanns entstand, gilt als der künstlerisch wertvollste Altar der Kirche.

Archäologischer Park, Wardter Str., Xanten, Tel. (0 28 01) 77 22 38, Öffnungszeiten: von März bis November täglich 9–18 Uhr, von Dezember bis Februar täglich 10–16 Uhr, Eintritt: Erwachsene 9 DM, Kinder 3,50 DM

Der Bf. liegt ca. 10 Gehminuten vom Park entfernt, es werden Busse eingesetzt.

NiederRheinroute, „2-Länder-Route", R 8 und R 17 verlaufen am Park.

Tour X 13 (E 8) führt am Park vorbei, X 6 verläuft durch Xanten.

Regionalmuseum, Kapitel 18, Xanten, Tel. (0 28 01) 71 94 15, Di bis Fr 10–17 Uhr, Sa und So 11–18 Uhr geöffnet.
Sammlung Ackermans, Haus Fürstenberg, Fürstenberg 13, Xanten, Tel. (0 28 01) 64 64.

Römische Herberge, im Archäologischen Park, Tel. (0 28 01) 34 15, täglich 9–18 Uhr.
Hotel-Restaurant van Bebber, in klassizistischem Ambiente, Klever Str. 12, Xanten, Tel. (0 28 01) 66 23.

Nibelungenbad an der Xantener Südsee, Spaßbad, Strohweg 2, Xanten-Wardt, Tel. (0 28 01) 7 15 60.

Stadtinformation, Karthaus 2, Xanten, Tel. (0 28 01) 7 72-2 38, -2 98.

29

Rosengarten in barocker Symmetrie

Wer sich für Geschichte interessiert, kann in Arcen vielen Spuren aus der Vergangenheit folgen. Historische Zeugnisse sind zum Beispiel die Fossa Eugeniana, ein nicht vollendeter Kanal, der Maas und Rhein miteinander verbinden sollte, die Ruine an den Schans-Toren, die Wijmarsche Wassermühle und Kornbrennerei sowie das Schloss Arcen mit den beeindruckenden Kasteeltuinen, den Schlossgärten. Das mit Wassergräben umgebene Schloss wurde 1653 durch Macelius van Gelder erbaut, die Schlossgärten haben jedoch mit der ursprünglichen, historischen Anlage keine Gemeinsamkeit mehr. Seit einigen Jahren wird der Garten kontinuierlich als Touristenattraktion ausgebaut.

Das 32 Hektar große Landgut ist in unterschiedlichste Themengärten aufgeteilt, die für Blumenfreunde und Familien mit Kindern einen Besuch abwechslungsreich machen. Einer der Höhepunkte, der Rosengarten mit nahezu 20.000 Pflanzen, ist nach barockem Vorbild in strenger Symmetrie aufgeteilt. Im „Casa Verde", dem Grünen Haus, glaubt man sich in subtropische Gefilde versetzt. Das große Glashaus beherbergt zahlreiche exotische Pflanzen. In eine andere Welt versetzen die fernöstlichen Gärten. Das Thailändische Haus ist umgeben von grünen Reisfeldern und einer Wasserlandschaft mit exotischen Koi-Karpfen. Wer selbst einen Garten anlegen oder verändern will, kann sich in den vielen Modellgärten Anregungen zur Gestaltung des eigenen Hausgartens holen, darunter auch ausgefallene Ideen für japanische oder chinesische Gärten.

Unsere Tipps

- In den Schlossgärten Arcen werden regelmäßig Themenausstellungen wie etwa Lilien- oder Rosenausstellungen organisiert.
- Besonders spannend für Kinder ist die Minigolfanlage mit Wasserspielplatz und Schleppfloß (hfl. 2,50).
- Ist man erst einmal über die Grenze gefahren, sollte man auch die von der Maas geteilte Stadt Venlo besuchen, die neben kulturellen Attraktionen ein großes Einkaufszentrum von überregionaler Bedeutung besitzt. Stadtinformation, VVV, Koniginneplein 2, Venlo, Tel. (00 31) 77/3 54 38 00.
- Frühjahr ist Spargelzeit: Das Spargeldorf Geldern-Walbeck auf der deutschen Grenzseite, nicht weit von Arcen entfernt, bietet Möglichkeiten zu saisonalen kulinarischen Höhepunkten.

Schlossgärten, Kasteeltuinen Arcen, Lingsforter Weg 26, NL-5944 BE Arcen, Tel. (00 31) 77/4 73 18 82. Arcen liegt etwa 10 km nördlich von Venlo an der N 271. Öffnungszeiten: 2. April bis 29. Sept. Mo bis So 10–18 Uhr, 1. bis 31. Okt. 11–17 Uhr und an allen Feiertagen, Eintritt: Erwachsene 19,50 hfl., Kinder 11 hfl., Parken 4 hfl., Bezahlung in DM möglich.

Mit dem Autobus Nr. 83 ab Bf. Venlo und Nijmegen.

Limburgs historisch en volkskundig Museum, Keulsepoort 5, Venlo, Tel. (00 31) 77/ 3 52 21 12.

Museum Van Bommel van Dam, Deken van Oppensingel 6, Venlo, Tel. (00 31) 77/ 3 51 34 57, Öffnungszeiten: Di bis Fr 10–16.30 Uhr, Sa und So 14–17 Uhr.

De Heeren van Arcen, Schans 18, Arcen, Tel. (00 31) 77/4 73 24 83.

Thermalbad Arcen mit schöner Saunaanlage, Klein Vink 11, Arcen, Tel. (00 31) 77/4 73 24 24, täglich 8–23 Uhr geöffnet.

Stadtinformation, VVV, Wal 26, im Zentrum von Arcen, Tel. (00 31) 77/4 73 12 47.

30

Sandige Heidewege und schattige Waldpfade

Das Kröller-Müller-Museum und der Nationalpark De Hoge Veluwe bilden heute ein eindrucksvolles Zusammenspiel aus Kunst, Architektur und Natur.

De Hoge Veluwe war zu Beginn des letzten Jahrhunderts Privatbesitz und Jagdgebiet des Industriellenehepaars Kröller-Müller. Er gilt heute als der größte Nationalpark in den Niederlanden. Zu jeder Jahreszeit bietet der Park mit seinen weiten Heidefeldern, Wäldern, Rasenflächen und Sandverwehungen schöne Anblicke, die von markierten Wanderwegen und dem 42 Kilometer langen Radwegenetz erschlossen werden. Die Fahrräder können übrigens kostenlos benutzt werden. Im Park verbirgt sich das ehemalige Jagdschloss „Hubertus", das der Architekt Hendrik Petrus Berlage im Auftrag der Familie entwarf.

Neben dem 6.000 Hektar großen Landschaftsareal überließ Helene Kröller-Müller auch ihre Kunstsammlung dem Staat. Im Zentrum der einmaligen Zusammenstellung von Gemälden, Zeichnungen und Skulpturen steht eine riesige van-Gogh-Sammlung. Das hierfür von Henry van der Velde entworfene Museum wurde 1961 um einen Skulpturengarten erweitert. Diese Landschaft für Skulpturen, mit 21 Hektar einer der größten und frühesten Skulpturengärten Europas, birgt eine einzigartige Sammlung mit mehr als 100 Werken. Mit besonderen Plastiken sind vertreten: Auguste Rodin, Henry Moore, Barbara Hepworth, Richard Serra, Mario Merz, Jean Dubuffet oder Claes Oldenburg. Der Park bietet nicht nur die Staffage für die Skulpturen, sondern hier wurde eine Integration von Kunstwerk und Ort, von Kultur und Landschaft erreicht.

Unsere Tipps

- Mitten im Nationalpark liegt ein Besucherzentrum. Dort werden Informationen zu Natur und Landschaft und zur Geschichte des Nationalparks De Hoge Veluwe geboten. In unmittelbarer Nachbarschaft wurde ein Landschaftsgarten errichtet.
- Das „Museonder" bezeichnet sich als das erste unterirdische Museum der Welt. Es locken Sprechende Steine und ein Spiel mit dem Wasserlabor. In seiner Kuppel sieht man das Wurzelwerk einer alten Buche mit einem Umfang von 80 qm.
- Eine ähnliche Anlage wie der Skulpturenpark des Museums ist Museum Insel Hombroich in Neuss (s. S. 98–101). Auch hier gilt: „Kunst parallel zur Natur".

Hoge Veluwe, Apeldoornseweg 250, NL-7351 TA Hoenderloo, Tel. (00 31) 3 18/59 16 27, Öffnungszeiten: von Nov. bis März täglich 9–17.30 Uhr (mit dem Auto), von April bis September 8–20 Uhr, Oktober 9–19 Uhr (ohne Auto längere Öffnungszeiten). Besucherzentrum, Museonder u. Parkladen Mo bis Sa 10–17 Uhr

Kröller-Müller-Museum, Houtkampweg 6, NL-6730 AA Otterlo, Tel. (00 31) 3 18/59 10 41, Di bis So und an Feiertagen 10–17 Uhr, Garten bis 16.30 Uhr. Eintritt: Kombi-Karte (Nationalpark und Museum mit Skulpturengarten) Kinder 8 hfl., Erwachsene 16 hfl., Auto 8,50 hfl. Autos und Motorräder sind nur auf den befestigten Straßen erlaubt.

Mit dem Auto A 1, A 50 und A 12, ausgeschildert, mit dem Bus täglich ab Bf. Apeldoorn und Bf. Ede/Wageningen, ab Bf. Arnheim außer Mo.

Sandige Heidewege neben schattigen Waldpfaden: De Hoge Veluwe bietet ein abwechslungsreiches Wegeprogramm, Informationen unter Tel. (00 31) 318/59 16 27.

Selbstbedienungsrestaurant mit Terrasse De Koperen Kop, gegenüber vom Besucherzentrum, Tel. (00 31) 3 18/59 12 89.

A – Z

Überblick

1 Parkanlage Schloss Moyland
Am Schloss 4
Bedburg-Hau

2 Hofgarten
Maximilian-Weyhe-Allee
Düsseldorf

3 Schlosspark Benrath
Benrather Schlossallee
Düsseldorf

4 Duisburger Zoo
Mülheimer Str. 273
Duisburg-Düssern

5 „Garten der Erinnerungen"
Philosophenweg
Duisburg-Ruhrort

6 Immanuel-Kant-Park
Friedrich-Wilhelm-Str./
Tonhallenstr.
Duisburg

7 Landschaftspark Duisburg-Nord
Lösorter Str./Emscherstr.
Duisburg-Meiderich

8 Stadtpark Grevenbroich
Grevenbroich

9 Wasserburg Anholt
Schloss 1
Isselburg
„Anholter Schweiz"
Pferdehorster Str. 1
Isselburg-Vehlingen

10 Schlosspark Dyck
Edelkastanienallee
Jüchen

11 Kloster Kamp
Am Abteiplatz
Kamp-Lintfort

12 Niederrheinpark Plantaria
Am Scheidweg 1–5
Kevelaer-Twisteden

13 Amphitheater im Tiergarten
Tiergartenstr.
Kleve

14 Botanischer Garten
Sandberg 2
Krefeld

15 Burgpark Linn
Rheinbabenstr.
Krefeld-Linn

16 Greiffenhorstpark
Greiffenhorst 1
Krefeld-Linn

17 Zoologischer Garten
Uerdinger Str. 377
Krefeld

18 Botanischer Garten
Bettrather Str.
Mönchengladbach

19 Schlosspark Rheydt
Schlossstr.
Mönchengladbach-Rheydt

20 Schlosspark Wickrath
Trompeterallee
Mönchengladbach-Wickrath

21 Schmölderpark
Schmölderstr.
Mönchengladbach-Rheydt

22 Schlosspark Moers
Kastell
Moers

23 Ingenhovenpark
Hochstr./Marktstr.
Nettetal-Lobberich

24 Museum Insel Hombroich
Minkel 2
Neuss

25 Rosengarten
Friedrichstr./Promenadenstr.
Neuss

26 Alter Stadtgarten und Rathauspark
Bahnhofstr./Ecke Burgstr.
Viersen

27 Schlosspark Neersen
Hauptstr. 6
Willich-Neersen

28 Archäologischer Park
Wardter Str.
Xanten

29 Kasteeltuinen Arcen
Lingsforter Weg 26
NL-5944 BE Arcen

30 Hoge Veluwe
Apeldoornseweg 250
NL-7351 TA Hoenderloo

Kröller-Müller-Museum
Houtkampweg 6
NL-6730 AA Otterlo

30 Nationaal Park de Hoge Veluwe
Ede
Dieren
Doesburg
A12
A50
ARNHEM
Doetinchem
Wageningen
A50
A12
Didam
A15
Zevenaar
Terborg
52
NIJMEGEN
Kleve
Emmerich
13
Maas
57
8
A59
1
271
Bedburg-Hau
Kalkar
Rees
Cuijk
67
Rhein
Goch
A73
28
Uden
Xanten
227
Boxmeer
Oploo
Weeze
57
Sonsbeck
Gemert
Bergen
Kevelaer
12
Helmond
Niers
NIEDERLANDE
Geldern
29
Arcen
Deurne
221
Straelen
Neukirch
227
271
58
Asten
A67
40
Someren
266
279
Venlo
Kempen
Grefrath
Nederweert
Helden
23
Nettetal
Süchteln
61
Brüggen
Dülken
Viersen
Weert
26
27
273
271
68
Schwalmtal
A2
Korschenbroi
21
Roermond
Niederkrüchten
18
73
78
221
19
BELGIEN
Wassenberg
57
20
59
Erkelenz
46
Heinsbg.
Jüchen

1 Nudel – noch mehr Saucen

von Italien bis Asien

> Autorin: Tanja Dusy | Fotos: Jörn Rynio

Inhalt

Die Theorie

Die Rezepte

Extra

Das ideale Paar

Was wären Nudeln ohne Sauce? Die Welt kennt tausend Nudelsorten, von italienischer Pasta über asiatische Glas- oder Reisnudeln bis hin zu den guten alten Spätzle. Doch erst in der Verbindung mit cremiger Sahne-, fruchtiger Tomaten- oder deftiger Fleischsauce werden sie zum absoluten Küchenstar.
Sie finden hier vielfältige internationale Saucenrezepte, jeweils passend zu den verschiedenen Nudelsorten. Da ist sicher für jeden etwas dabei und jeder Tag wird ganz einfach zum perfekten Nudeltag!

Nudeln – die unendliche Vielfalt

Die Qual der Wahl

Kaum zählbar erscheinen die verschiedenen Nudelsorten, die es auf beinahe der ganzen Welt zu entdecken gibt – da fällt die Wahl oft schwer. Dennoch basieren fast alle Nudeln auf einem ähnlichen Grundrezept: Der Teig besteht aus Hartweizengrieß oder Mehl – aus den unterschiedlichsten Getreidearten –, Wasser und eventuell Salz oder Ei. Praktischerweise gibt es die meisten Nudeln getrocknet oder gut verpackt im Kühlregal fertig zu kaufen. Wer will, kann seine Gäste natürlich auch mit selbst gemachten Nudeln oder deren schnellster Variante, frisch geschabten Spätzle, verwöhnen.

1 *Makkaroni, Tagliatelle, Spaghetti – die Klassiker der Nudelküche.*

Die passende Nudel

Die passende Nudel zur Sauce oder umgekehrt zu finden, ist natürlich vor allem eine Frage des persönlichen Geschmacks – oder manchmal ganz einfach davon, was sich gerade im Vorratsschrank findet. Ideal sind hier Spaghetti oder Makkaroni, die man zur Not auch einmal in kleinere Stücke brechen kann.
Es gibt allerdings ein paar Grundregeln bei der Wahl der Nudel, die eine möglichst harmonische Verbindung mit der jeweiligen Sauce eingeht.

Die Langen

Zwei Nudelsorten sind zum Synonym für italienische Pasta geworden: Die langen, runden **Spaghetti** und die röhrenförmigen, innen hohlen **Makkaroni**. Beide haben eine glatte Oberfläche, auf der dünne Saucen weniger gut haften als sämige Tomaten-, Käse- oder ragoutartige Fleischsaucen. Für diese Saucen eignen sich auch **Bucatini** oder **Zite** – eine dünnere bzw. dickere Variante der Makkaroni. Die langen, haarfeinen

2 *Hübsch geformte Nudeln sind was fürs Auge und nehmen viel Sauce auf.*

Capellini oder **Fedelini** und **Spaghettini** sind dünne Abwandlungen der Spaghetti – sie vertragen sich gut mit hellen, sahnig-leichten Saucen. Lange, flache Nudeln fasst man unter dem Begriff Bandnudeln zusammen. In Italien gibt es unterschiedlich breite Sorten wie **Linguine, Trenette, Tagliatelle, Pappardelle** oder die attraktiven **Reginette** mit gewelltem Rand. Die dünnen Varianten passen zu Sahnesaucen, leichten Fisch- oder Kräutersaucen, die dicken eher zu Fleischsaucen. Einfache Faustregel hierbei: je schmaler die Nudel, desto leichter die Sauce.

Die Kurzen

Kurze, hohle Nudeln oder glatte, flache – oft gedrehte und geformte – Nudeln haben den Vorteil, dass sie viel Sauce aufnehmen können; gerillte oder geraute Oberflächen verstärken diesen Effekt. **Penne rigate, Tortiglioni** oder **Rigatoni** passen auch zu nicht ganz so dicken Tomaten-, Gemüse- oder Fleischsaucen. Gedrehte Spiralnudeln wie **Fusilli, Eliche, Spirali** oder **Casarecce** nehmen nicht nur gut dicke Fleisch- oder Gemüsesaucen an, sondern sind auch optisch ein ideales Bett für Gemüse- oder Fleischstückchen; dies gilt insbesondere für so hübsche Nudelsorten wie die schmetterlingsförmigen **Farfalle** oder die muschelförmigen **Conchiglie**, die wie Hütchen – **Cappelletti** – oder Öhrchen – **Orecchiette** – geformten Nudeln oder auch **Gnocchi**.

Vollkörnig und bunt

Gesünder als normale Nudeln ist ihre Verwandtschaft aus Vollkornmehl. Von Dinkel über Buchweizen oder Hirse findet man im Reformhaus oder Bioladen alles. Etwas Besonderes sind dabei die japanischen **Soba-Nudeln** aus Buchweizenmehl.
Vollkornnudeln sind kernig und voll im Geschmack und eignen sich deshalb für gut gewürzte und deftige Nudelsaucen, speziell mit Nüssen oder Samen.
Mit Spinat, Tomaten, Roten Beten oder schwarzer Sepiatinte bekommen Nudeln mehr Farbe als Geschmack. Der dezente Eigengeschmack der Färbestoffe sollte dennoch mit der Sauce harmonieren.

Asiatische Nudeln

Meist handelt es sich dabei um Instantnudeln, die nicht gekocht werden, sondern nur kurz in heißem Wasser quellen müssen. Chinesische Nudeln sind meist aus Weizenmehl und wie die beliebten **Mie-Nudeln** manchmal mit Ei gemacht. Reisnudeln aus Reismehl sehen glasig aus und werden beim Kochen weiß, die fast durchsichtigen Glasnudeln aus Sojamehl bleiben dagegen auch nach dem Kochen glasig.
Hier kann eine Sauce dünnflüssig sein und soll jede Nudel mit einem zarten Film umhüllen. Enthält die Sauce dazu reichlich Fleisch-, Fisch- oder Gemüsestücke, wird daraus eine vollständige Mahlzeit.

3 *Asiatische Nudeln aus Reis- oder Sojamehl liegen voll im Trend.*

TIPP
Im Rezeptteil werden jeweils bestimmte Nudelsorten vorgeschlagen, die aber nach Belieben durch andere ersetzt werden können. Wichtig ist dabei nur, immer die Kochzeit von Nudeln und Sauce aufeinander abzustimmen.

Nudeln kochen

Alles, was Sie zum Nudelkochen brauchen, ist ein großer Topf (ca. 6 Liter Fassungsvermögen sind ideal), ein Kochlöffel zum Umrühren und ein Sieb, um die fertigen Nudeln abzugießen.
Dann müssen Sie nur noch den richtigen Moment erwischen, in dem die Nudeln nicht mehr hart, aber auch noch nicht zu weich, sondern richtig »al dente« sind!

FÜR 4 PERSONEN

- **500 g Nudeln**
- **4–5 EL Salz**

TIPP

Garzeit beachten

Vergleichen Sie, bevor Sie starten, unbedingt die Zubereitungszeiten von Sauce und Nudeln, um beides optimal aufeinander abzustimmen!

Sollte eines von beiden trotzdem einmal früher fertig sein, so halten Sie es in einer Schüssel zugedeckt im Backofen bei 50° warm.

1 *Wasser nach der Faustregel 1 l Wasser für 100 g Pasta abmessen, in den Topf füllen, zum Kochen bringen.*

2 *Abwarten, bis das Wasser sprudelnd kocht. Erst jetzt das Salz hinzufügen. Die Nudeln ins Wasser geben und sofort umrühren.*

3 *Die Nudeln offen nach Packungsangabe kochen lassen, ab und zu umrühren. 1 Min. vor Garzeitende testen, ob sie »al dente« sind.*

4 *Die fertigen Nudeln mit dem Wasser ins Sieb abgießen und gut abtropfen lassen. Möglichst rasch mit der Sauce mischen und servieren.*

Schneller als jede Sauce

Butter und Salbei: Für 500 g Nudeln 100 g Butter in einer Pfanne zerlassen. 10 Salbeiblätter waschen, abtrocknen, in grobe Streifen schneiden und 3–4 Min. bei mittlerer Hitze in der Butter bräunen. Beides mit den fertigen Nudeln mischen und mit frisch geriebenem Parmesan bestreuen.

Tomaten und Basilikum: Für 500 g Nudeln 100 g getrocknete, in Öl eingelegte Tomaten hacken. Mit 5 EL Tomatenöl und einer zerbröselten getrockneten Chilischote erhitzen. 1 Knoblauchzehe dazupressen, 3 Min. dünsten. Mit 3 EL gehackten Basilikumblättern unter die fertigen Nudeln mischen.

Schinken und Mascarpone: Für 500 g Nudeln 150 g gekochte Schinkenscheiben in feine Streifen schneiden und mit 1 TL abgeriebener unbehandelter Zitronenschale und 250 g Mascarpone mischen. Mit Salz, Pfeffer und frisch geriebener Muskatnuss würzen und unter die fertigen Nudeln mischen.

Schafkäse und Kräuter: Für 500 g Nudeln 200 g in Öl eingelegten Fetakäse etwas zerbröckeln und mit 5 EL Einlegeöl mischen. Je 1 EL gehackte Minze, Basilikum und Petersilie und 1 zerdrückte Knoblauchzehe unter den Schafskäse rühren und alles unter die fertigen Nudeln mischen.

Sardellen und Kapern: Für 500 g Nudeln 5 in Salz eingelegte Sardellen vom Salz befreien, hacken, mit 6 EL Olivenöl erhitzen. 2 Knoblauchzehen dazupressen, 2 EL gehackte Kapern zugeben, 5 Min. bei schwacher Hitze braten. Mit 1 EL gehackter Petersilie unter die Nudeln mischen.

Knoblauch und Chili: Für 500 g Nudeln 3 geschälte und in Scheiben geschnittene Knoblauchzehen in einer Pfanne in 8 EL Olivenöl goldbraun werden lassen. 2 in Ringe geschnittene Chilischoten und 1 Bund gehackte Petersilie unterrühren und alles mit den fertigen Nudeln mischen.

Tomatensauce – der Klassiker

Nicht nur in Italien führt sie die Hitliste der Nudelsaucen an: die klassische Tomatensauce. Mehr braucht es oft gar nicht, höchstens noch etwas frisch geriebenen Parmesan als Krönung.
Diese einfache Sauce eignet sich aber gleichzeitig wunderbar für unzählige Abwandlungen, wie sie auf Seite 9 vorgestellt werden.

FÜR 4 PERSONEN

- **1 Zwiebel**
- **1 Knoblauchzehe**
- **4 Zweige Basilikum**
- **1 große Dose Tomaten (800 g; wahlweise 1 kg frische reife Tomaten)**
- **2 EL Olivenöl**
- **1/8 l Weißwein (ersatzweise 2 EL Zitronensaft)**
- **Salz | Pfeffer**
- **1/2 TL Zucker**

TIPP

Für den Vorrat

Die Tomatensauce lässt sich wunderbar einmachen: Kochend heiß in sauber ausgespülte Twist-off-Gläser füllen und sofort verschließen. In das mit warmem Wasser gefüllte tiefe Blech stellen und im vorgeheizten Backofen bei 200° 45 Min. sterilisieren.

1 *Die Zwiebel und den Knoblauch schälen und fein hacken. Basilikum waschen und trockenschütteln, die Blätter abzupfen.*

2 *Dosentomaten etwas zerkleinern (frische waschen und würfeln). Olivenöl in einem großen Topf erhitzen, Zwiebel und Knoblauch andünsten. Tomaten zugeben.*

3 *Weißwein zugießen, salzen und pfeffern. Offen bei kleiner Hitze etwa 1 Std. kochen lassen, bis die Sauce leicht dickflüssig wird. Von Zeit zu Zeit umrühren.*

4 *Mit Zucker, Salz und Pfeffer abschmecken, nach Wunsch pürieren. Die Basilikumblätter in Streifen schneiden und unter die fertige Sauce mischen.*

Tomatensauce gut aufgepeppt

Mit Sardellen, Kapern und Oliven: 3 in Salzlake eingelegte Sardellenfilets abspülen und fein hacken. 6 schwarze Oliven (ohne Stein) in Ringe schneiden. Die Sardellen, Oliven und 3 EL Kapern 20 Min. vor Ende der Garzeit unter die Sauce rühren und mit 2 EL Zitronensaft abschmecken.

Mit Chili und Mais: 1–2 gehackte rote Chilischoten mit den Tomaten in den Topf geben. 15 Min. vor Ende der Garzeit 280 g abgetropften Mais unterrühren. 100 g Chorizo (span. Wurst) klein würfeln, in 1 EL Olivenöl anbraten, unter die Sauce mischen. Basilikum durch Koriandergrün ersetzen.

Mit Aubergine und Mozzarella: 1 in 1 cm große Würfel geschnittene Aubergine (400 g) in 4 EL Olivenöl anbraten, 1 geschälte Knoblauchzehe dazupressen. 20 Min. unter Rühren bei mittlerer Hitze braten, salzen und pfeffern. Mit 125 g gewürfeltem Mozzarella unter die fertige Sauce mischen.

Mit Tunfisch und Rucola: 185 g abgetropften Tunfisch (im eigenen Saft) zerpflücken. 1 Bund Rucola waschen, trockenschütteln und klein schneiden. Beides mit 2 EL Kapern und 1 EL Zitronensaft 5 Min. vor Garzeitende unter die Sauce mischen. Basilikum durch 2 EL gehackte Petersilie ersetzen.

Mit Sherry und Huhn: 1 TL abgeriebene unbehandelte Orangenschale und 4 EL Orangensaft mit den Tomaten mitkochen. 250 g geschnetzeltes Hähnchenbrustfilet in 2 EL Öl braun anbraten, salzen und pfeffern. Mit je 3 EL Sherry und Orangensaft ablöschen, unter die fertige Sauce mischen.

Mit Speck und Pilzen: 30 g getrocknete Steinpilze 10 Min. in heißem Wasser einweichen, fein hacken. 100 g durchwachsenen Speck, 1 Zwiebel und 1 Knoblauchzehe würfeln, in 1 EL Öl anbraten. Mit den Pilzen und 1/2 TL gehackten Rosmarinnadeln mit den Tomaten in den Topf geben.

Große Nudelparty – stressfrei feiern mit vielen

Nudeln sind ein wunderbares Partyessen: Mit 2–3 Saucen und der richtigen Menge Pasta werden viele Gäste preiswert satt, für jeden – auch für Kinder – ist etwas dabei und alles lässt sich gut vorbereiten.

Und das brauchen Sie für 8–10 Personen:

➤ 1,5 kg Nudeln (eventuell 2 verschiedene Sorten, z. B. Spaghetti und Penne)

➤ 3 unterschiedliche Saucen (davon 2 in doppelter Rezeptmenge, also nicht für 4, sondern für 8 Personen).

Die Saucen sollten sich in Geschmack und Optik unterscheiden, mindestens zwei davon sollten sich gut vorbereiten lassen.

PARTY TRICOLORI

Partyspaß in den italienischen Nationalfarben

✗ **Saucen**
Grünes Pesto mit Petersilie und Rucola (Seite 16), die Vier-Käse-Sauce (weiß, Seite 25) und klassische Tomatensauce (rot, Seite 8) sind schnell vorbereitet und stehen bereit, wenn die Gäste kommen.

✗ **Nudeln**
Zwei große Töpfe bereitstellen; pro Topf nicht mehr als 1 kg Pasta kochen. Fertige Pasta abgießen und mit etwas Öl oder Butter mischen, damit sie nicht verklebt.

✗ **Davor**
Als Aperitif eignen sich ein Glas Prosecco, Campari oder Martini. Ein paar Grissini, mit Parmaschinken umwickelt, Tomaten mit Mozzarella oder ein paar eingelegte Antipasti aus dem Glas vertreiben den ersten Hunger und verkürzen die Wartezeit.

✗ **Dazu**
Ca. 1 kg Weißbrot, geriebenen Parmesan und eine Pfeffermühle auf den Tisch stellen, außerdem Wasser und Wein reichen (man rechnet 2 Flaschen für 3 Personen).

✗ **Danach**
Einen Espresso oder Bitter wie Amaro Averna oder Cynar anbieten. Als schnelles Dessert eignen sich frisches Obst oder Eis (besonders lecker: Vanilleeis mit Kaffeelikör).

✗ **Außerdem**
Genießen wie im Ristorante: Originelle Tisch-Deko in den drei Nationalfarben und italienische Schlager oder Opernmusik geben dem Ganzen den letzten Schliff!

✗ **Für Überraschungsgäste**
Immer gut als Reserve im Kühlschrank: 1 Glas fertiges Pesto oder die Zutaten für eines der Rezepte von Seite 7.

1 Toller Willkommenstrunk aus Bella Italia: der Bellini

Dazu 3 reife Pfirsiche überbrühen, häuten und entkernen, mit 2 TL Grenadine und 2 TL Zitronensaft pürieren und kalt stellen. Wenn die Gäste da sind, das Pfirsichpüree auf 8 Gläser verteilen und mit gekühltem Sekt oder Prosecco aufgießen.

2 Witzige Deko-Ideen mit Pasta:

verschieden geformte, kurze Nudeln an einem Ende mit Blumendraht umwickeln, die »Pasta-Blumen« als Strauß in Gläser stellen oder in Blumentöpfchen stecken. Als Tischkarte: ein Bündel Spaghetti in ein Glas stellen, das Namensschildchen des Gastes an einer Nudel befestigen.

3 Dekorieren in Tricolori:

Einfache weiße Tischdecke, dazu rote und grüne Tischsets und Servietten auflegen. Originelle Serviettenringe: Boden und Deckel von leeren, sauberen Tomatenmarkdosen entfernen und über die aufgerollten Servietten schieben.

Kalte und schnelle Saucen

Saucen, die fast so schnell fertig sind wie die Nudeln? Kein Problem: Pesto, kalte Tomatensauce oder frische Kräutercreme kommen hier gerade recht. Die Zutaten kurz in den Mixer geben oder einfach zusammenrühren – fertig ist die Nudelsauce. Genau das Richtige an heißen Sommertagen, nach der Arbeit oder immer, wenn der Hunger größer als die Kochlust ist. Und das Schöne dabei: Viele dieser Saucen lassen sich gut vorbereiten und aufbewahren, so dass sie auch ideal für jede Pastaparty sind.

Blitzrezepte

Kräutercreme

FÜR 4 PERSONEN

➤ **50 g Bärlauch | je 30 g Basilikum und Petersilie | 3 EL Olivenöl 1 EL Zitronensaft | 250 g cremiger Ricotta | Salz | Pfeffer edelsüßes Paprikapulver**

1 | Bärlauch, Basilikum und Petersilie waschen und trockenschütteln, Stiele entfernen. Die Blätter grob schneiden, etwas davon für die Dekoration fein hacken und beiseite legen.

2 | Die Kräuter mit dem Öl und Zitronensaft pürieren oder im Mörser zerstoßen. Mit dem Ricotta verrühren und mit Salz, Pfeffer und Paprikapulver abschmecken. Mit den gehackten Kräutern bestreuen.

Süß-scharfe Tomatensauce

FÜR 4 PERSONEN

➤ **1 Mandarine | 1/2 rote Chilischote 1 Knoblauchzehe | 1 Stück frischer Ingwer (1/2 cm) | 200 g passierte Tomaten | 2 TL Honig | 2 TL Sojasauce 2 TL Weißweinessig**

1 | Die Mandarine schälen, weiße Häutchen entfernen, fein würfeln, dabei den Saft auffangen. Die Chilischote putzen, entkernen und fein würfeln. Knoblauch und Ingwer schälen und fein hacken.

2 | Tomaten, Mandarinen mit Saft und die übrigen Zutaten in einem Topf erhitzen, bei kleiner Hitze 5–7 Min. köcheln lassen.

➤ Passt zu: Glasnudeln oder Mie-Nudeln

sommerlich

Spanische Paprikacreme

FÜR 4 PERSONEN

- 2 große rote Paprikaschoten
- 2 EL Olivenöl
- Salz | Pfeffer
- 1 Knoblauchzehe
- 1/2 Bund Thymian
- 80 g Manchegokäse
- 3 EL gemahlene Mandeln
- 2 EL Sherry medium (ersatzweise Traubensaft)
- 1 Msp. Cayennepfeffer

Zubereitung: 30 Min.

➤ Pro Portion ca.: 190 kcal

1 | Die Paprikaschoten putzen, waschen und in 3 cm große Stücke schneiden. Das Öl in einer Pfanne erhitzen, Paprikaschoten darin anbraten, salzen, pfeffern und bei mittlerer Hitze 15 Min. weiterbraten, gelegentlich umrühren.

2 | Inzwischen den Knoblauch schälen und in dünne Scheiben schneiden. Thymian waschen, die Blättchen abzupfen und hacken. Beides in die Pfanne geben und 5 Min. weiterbraten, bis die Paprikaschoten leicht gebräunt und weich sind. Vom Herd nehmen, etwas abkühlen lassen.

3 | Den Käse entrinden und klein schneiden, mit den Mandeln und dem Sherry zu den Paprikaschoten geben und alles fein pürieren. Mit Salz, Pfeffer und Cayennepfeffer würzen. Schmeckt warm und kalt.

➤ Passt zu: Spaghetti oder Penne

würzig | ungewöhnlich

Orientalische Auberginencreme

FÜR 4 PERSONEN

- 1 Aubergine (ca. 600 g)
- 5 EL Olivenöl
- 2 Knoblauchzehen
- 2 Zwiebeln
- 1 EL getrocknete Minze
- Salz | Pfeffer
- 1/2 TL gemahlener Kreuzkümmel
- 1 Fleischtomate

Zubereitung: 30 Min.

➤ Pro Portion ca.: 140 kcal

1 | Die Aubergine waschen, putzen und in 2 cm große Würfel schneiden. In einer Pfanne 3 EL Öl erhitzen, die Aubergine darin anbraten. Bei mittlerer Hitze 15 Min. garen, dabei gelegentlich umrühren.

2 | Den Knoblauch und die Zwiebeln schälen und fein würfeln, mit 1 EL Öl zu den Auberginen geben und weitere 5 Min. mitbraten. Restliches Öl in die Pfanne geben, die Minze zerreiben und hineinstreuen. Noch 1/2 Min. dünsten, alles gut verrühren und vom Herd nehmen.

3 | Die Aubergine mit Salz, Pfeffer und Kreuzkümmel würzen. Die Tomate waschen, würfeln, dabei den Stielansatz entfernen, mit der Aubergine pürieren. Schmeckt warm und kalt.

➤ Passt zu: Spaghetti

TIPP

Gut schmeckt die kalte Auberginencreme auch, wenn man noch 100 g griechischen Joghurt unterrührt.

im Bild vorne: **Orientalische Auberginencreme** *im Bild hinten:* **Spanische Paprikacreme** ➤

für den Vorrat

Grünes Pesto

FÜR 1 GLAS À 200 ML

- 5 EL Kürbiskerne
  80 g Petersilie
  50 g Rucola
  1 Knoblauchzehe
  50 g Parmesan
  30 g Pecorino
  1 EL gewürfeltes Zitronat
  80 ml Olivenöl
  3 EL Kürbiskernöl
  Salz | Pfeffer

Zubereitung: 15 Min.
- Pro Glas ca.: 1435 kcal

1 | Kürbiskerne in einer Pfanne ohne Fett hellbraun rösten. Abkühlen lassen. Petersilie und Rucola waschen, die Stiele entfernen, die Blätter hacken. Knoblauch schälen und hacken, Parmesan und Pecorino zerkleinern.

2 | Kürbiskerne, Kräuter, Knoblauch, Käse und Zitronat mit dem Pürierstab zerkleinern, nach und nach die beiden Öle zugeben. Salzen und pfeffern.

- Passt zu: Spaghetti

exotisch

Asia-Pesto

FÜR 1 GLAS À 200 ML

- 2 Bund Koriandergrün
  1 unbehandelte Limette
  1 Stück Ingwer (3 cm)
  1 Knoblauchzehe
  12 Kaffirlimettenblätter
  2 rote Chilischoten
  100 g geröstete gesalzene Cashewkerne
  80 ml Olivenöl
  2 EL Sesamwürzöl
  Salz | Pfeffer

Zubereitung: 15 Min.
- Pro Glas ca.: 1280 kcal

1 | Koriander waschen, die Blätter abzupfen. Limettenschale abreiben, Saft auspressen. Ingwer und Knoblauch schälen, mit den Limettenblättern und den entkernten Chilischoten fein hacken.

2 | Alles zusammen mit den Cashewkernen mit dem Pürierstab zerkleinern, nach und nach die beiden Öle zugeben. Salzen und pfeffern.

- Passt zu: Spaghetti, Mie-Nudeln oder mit kalten Glasnudeln als Salat

mediterran

Rotes Pesto

FÜR 1 GLAS À 200 ML

- 3 EL Pinienkerne
  2 Knoblauchzehen
  2 rote Chilischoten
  10 schwarze Oliven ohne Stein
  180 g in Öl eingelegte getrocknete Tomaten
  50 g Parmesan
  1 Zweig Rosmarin
  6 Zweige Thymian
  100 ml Olivenöl | Salz

Zubereitung: 15 Min.
- Pro Glas ca.: 1530 kcal

1 | Pinienkerne in einer Pfanne ohne Fett rösten. Knoblauch schälen und hacken. Chilis entkernen und hacken. Oliven, Tomaten und Parmesan grob zerschneiden. Rosmarin und Thymian waschen, Blättchen abzupfen und hacken.

2 | Alle vorbereiteten Zutaten mit dem Pürierstab zerkleinern, nach und nach das Öl zugeben. Das Pesto mit Salz abschmecken.

- Passt zu: Spaghetti

im Bild vorne: **Rotes Pesto** *im Bild Mitte:* **Asia-Pesto** *im Bild hinten:* **Grünes Pesto**

gelingt leicht

Rohe Tomatensauce

FÜR 4 PERSONEN

- **800 g reife Tomaten**
- **1/2 unbehandelte Zitrone**
- **1 Knoblauchzehe**
- **1/2 Bund Basilikum**
- **1 Msp. Chilipulver**
- **1 Prise Zucker**
- **2 EL Olivenöl**
- **Salz | Pfeffer**

Zubereitung: 20 Min.

Pro Portion ca.: 60 kcal

1 | Die Stielansätze der Tomaten entfernen, Tomaten kreuzweise einritzen, überbrühen, häuten, entkernen und würfeln. Die Zitrone heiß abwaschen, die Schale abreiben und den Saft auspressen.

2 | Den Knoblauch schälen und zu den Tomaten pressen. Das Basilikum waschen, Blättchen abzupfen und hacken. Mit 1 TL Zitronensaft, Zitronenschale, Chilipulver, Zucker und Öl unter die Tomaten mischen, salzen und pfeffern.

Passt zu: Makkaroni oder Fusilli

TIPPS

Statt Basilikum können sie auch Estragon verwenden. Oder Mozzarella- oder Fetawürfel mit der Sauce unter die Nudeln mischen.
Am besten schmeckt die Sauce, wenn Sie sie vor dem Servieren 30 Min. ziehen lassen.

mediterran

Weinblatt-Feta-Creme

FÜR 4 PERSONEN

- **8 eingelegte Weinblätter**
- **3 EL Pinienkerne**
- **100 g Fetakäse**
- **3 EL Olivenöl**
- **4 EL Ajvar (türkische Paprikapaste; aus dem Glas)**
- **10 schwarze Oliven**
- **Pfeffer**

Zubereitung: 20 Min.

Pro Portion ca.: 195 kcal

1 | Die Weinblätter aus der Lake nehmen, kalt abspülen und mit Küchenpapier abtrocknen. Die Blätter längs dritteln und quer in feine Streifen schneiden. Die Pinienkerne in einer Pfanne ohne Fett rösten. Abkühlen lassen und grob hacken.

2 | Den Feta grob zerbröckeln, mit dem Öl und dem Ajvar pürieren. Die Oliven entsteinen, grob hacken und mit Pinienkernen und Weinblättern unter die Creme rühren, mit etwas Pfeffer abschmecken.

Passt zu: Penne oder Makkaroni

TIPPS

Wer will, kann noch 4 EL Joghurt unter die Sauce mischen. Für einen sommerlichen Nudelsalat die Sauce mit halbierten Kirschtomaten, gebratenen Auberginen- oder Zucchinischeiben und/oder gebratenen Lammfiletstückchen unter die abgekühlten Nudeln (z. B. Spirali) mischen.

◄ *im Bild vorne:* **Rohe Tomatensauce** *im Bild hinten:* **Weinblatt-Feta-Creme** mild | würzig

Avocado-Sesam-Creme

FÜR 4 PERSONEN

- 2 EL Sesamsamen
  1 TL grobes Meersalz
  1 reife Avocado
  Saft von 1/2 Limette
  2 EL Tahin (Sesampaste)
  3 EL Joghurt | 1 Tomate
  1/2 Bund Schnittlauch
  1/2 TL gemahlener Kreuzkümmel
  Chilipulver

Zubereitung: 20 Min.
➤ Pro Portion ca.: 155 kcal

1 | Den Sesamsamen in einer Pfanne ohne Fett rösten, bis er leicht duftet, abkühlen lassen. Mit dem Meersalz im Mörser zerstoßen.

2 | Die Avocado halbieren, Kern entfernen, Fruchtfleisch aus der Schale löffeln, mit Limettensaft beträufeln und mit einer Gabel zerdrücken. Tahin, Joghurt und Sesamsalz unterrühren.

3 | Die Tomate waschen und fein würfeln, dabei den Stielansatz entfernen. Den Schnittlauch waschen, trockenschütteln und in Röllchen schneiden. Beides mit dem Kreuzkümmel unter die Creme rühren. Mit Chilipulver abschmecken.

➤ Passt zu: Spaghetti oder Capellini

vegetarisch

Sojacreme provençale

FÜR 4 PERSONEN

- 200 g Tofu
  je 5 grüne und schwarze Oliven
  1 Knoblauchzehe
  1 TL Kräuter der Provence
  1/4 TL Currypulver
  3 EL Tomatenmark
  8 EL Olivenöl
  Salz | Pfeffer

Zubereitung: 15 Min.
➤ Pro Portion ca.: 245 kcal

1 | Den Tofu in grobe Stücke schneiden. Die Oliven von den Steinen schneiden und etwas zerteilen. Den Knoblauch schälen und grob hacken.

2 | Tofu, Oliven und Knoblauch mit den Kräutern, Currypulver, Tomatenmark und Olivenöl pürieren. Kräftig mit Salz und Pfeffer würzen.

➤ Passt zu: Spirali oder Fusilli

TIPPS

Nicht nur zu Nudeln spitze: Die Cremes eignen sich auch prima als Brotaufstrich oder als Dip für Cracker oder Tortillachips.
Die Sojacreme hält sich mit etwas Öl bedeckt mehrere Tage im Kühlschrank.
Eine leckere Variante: einige Esslöffel Sojacreme unter die Tomatensauce von Seite 8 mischen und kurz erwärmen.

im Bild links: **Sojacreme provençale** *im Bild rechts:* **Avocado-Sesam-Creme** ➤

gut vorzubereiten

Tunfischcreme

FÜR 4 PERSONEN

- **1 Dose Tunfisch im eigenen Saft (185 g Abtropfgewicht)**
- **6 Zweige Petersilie**
- **2 Sardellenfilets in Salzlake**
- **70 g Sahne**
- **5 EL Weißwein (ersatzweise 1 EL Zitronensaft)**
- **abgeriebene Schale von 1/2 unbehandelten Zitrone**
- **1 1/2 EL Kapern**
- **125 g Mascarpone**
- **Salz | Pfeffer**

Zubereitung: 15 Min.
Pro Portion ca.: 260 kcal

1 | Den Tunfisch in ein Sieb geben, abtropfen lassen und mit einer Gabel zerpflücken. Die Petersilie waschen und trockenschütteln, die Blätter hacken. Die Sardellenfilets abtropfen lassen und grob zerschneiden.

2 | Tunfisch, Sardellen, Sahne, Weißwein, Zitronenschale und Kapern mit dem Mixer fein pürieren. Petersilie und Mascarpone gut unterrühren und mit Salz und Pfeffer abschmecken.

Passt zu: Makkaroni

TIPP: Wer mag, kann den Tunfisch auch einmal durch 200 g Räucherfisch wie z. B. Forelle, Makrele oder Lachs ersetzen.

preiswert

Walnusssauce

FÜR 4 PERSONEN

- **150 g Walnusskerne**
- **2 Scheiben Toastbrot**
- **100 ml Gemüsebrühe**
- **1 Knoblauchzehe**
- **Salz**
- **Pfeffer**
- **80 ml Sahne**
- **5 EL Walnussöl**
- **1 EL Cognac (nach Belieben)**
- **1/2 Bund Schnittlauch**

Zubereitung: 20 Min.
Pro Portion ca.: 430 kcal

1 | Die Walnüsse in einer Pfanne ohne Fett rösten, bis sie duften und leicht braun werden. Die sich ablösenden Häutchen eventuell mit einem Tuch abreiben. Das Toastbrot zerbröseln und in der Brühe einweichen.

2 | Den Knoblauch schälen und grob hacken. Walnusskerne, Brot mit Brühe und Knoblauch mit etwas Salz und Pfeffer im Mörser zerstoßen oder mit dem Pürierstab oder im Mixer pürieren.

3 | Sahne, Öl und nach Belieben Cognac esslöffelweise unter die Walnussmasse schlagen, mit Salz und Pfeffer abschmecken. Den Schnittlauch waschen, trockenschütteln und in Röllchen schneiden. Die Sauce mit dem Schnittlauch bestreuen.

Passt zu: Spaghetti oder Tortellini mit Spinat- oder Frischkäsefüllung

im Bild links: **Walnusssauce** *im Bild rechts:* **Tunfischcreme**

Vegetarische & Gemüsesaucen

Bei Nudeln mit Gemüse- oder Käsesaucen kommt auch ohne Fleisch keiner zu kurz: Sahne, Käse oder Nüsse sorgen nicht nur dafür, dass man richtig satt wird, sondern sie passen auch hervorragend zu vielen frischen Gemüsesorten. Mit den Saucen mit Spargel, Zucchini, Kürbis oder Roten Beten kommen Sie gesund und lecker durch das ganze Gemüsejahr.

Blitzrezepte

Kerbel-Erbsen-Sahne

FÜR 4 PERSONEN

➤ **300 g TK-Erbsen | Salz | 1 TL gewürfeltes Orangeat | 100 ml Gemüsebrühe 200 g Sahne | 1 Bund Kerbel | Pfeffer Muskatnuss, frisch gerieben**

1 | Die Erbsen 5–7 Min. in Salzwasser kochen. Inzwischen das Orangeat ganz fein hacken und mit Brühe und Sahne aufkochen, ca. 5 Min. bei großer Hitze einkochen lassen.

2 | Den Kerbel waschen und fein hacken. Die Erbsen in ein Sieb abgießen, zur Sauce geben. Kerbel unterrühren und mit Salz, Pfeffer und Muskat abschmecken.

➤ Passt zu: Farfalle oder Tagliatelle

Vier-Käse-Sauce

FÜR 4 PERSONEN

➤ **je 50 g Mozzarella, Fontina, Gorgonzola, Pecorino | 5 Frühlingszwiebeln | 1 EL Butter | 100 ml Gemüsebrühe | 100 g Sahne | 2 EL Grappa (nach Belieben) Salz | Pfeffer | Chilipulver | Muskatnuss, frisch gerieben | 1 EL rosa Pfefferkörner**

1 | Mozzarella, Fontina und Gorgonzola klein schneiden, Pecorino reiben. Frühlingszwiebeln waschen, putzen, in Ringe schneiden. Weiße Ringe in der Butter andünsten, Brühe und Sahne angießen.

2 | Käse in der Sauce unter Rühren schmelzen. Evtl. Grappa zugeben und mit Salz, Pfeffer, Chili und Muskat würzen. Vor dem Servieren mit Zwiebelgrün und grob zerriebenem rosa Pfeffer bestreuen.

frühlingsleicht

Spargel-Schinken-Sauce

FÜR 4 PERSONEN

- **3 Schalotten**
- **500 g grüner Spargel**
- **2 EL Butterschmalz**
- **150 ml Hühnerbrühe**
- **4 EL Weißwein (ersatzweise 2 EL Zitronensaft)**
- **100 g gekochter Schinken in Scheiben**
- **1/2 Bund Basilikum**
- **150 g Crème fraîche**
- **Salz | Pfeffer**

Zubereitung: 35 Min.

➤ Pro Portion ca.: 340 kcal

1 | Die Schalotten schälen und fein würfeln. Den Spargel waschen, unteres Drittel eventuell schälen und in 2 cm große Stücke schneiden, die Spargelköpfe beiseite legen.

2 | Das Butterschmalz in einer Pfanne erhitzen, die Schalotten darin andünsten, den Spargel zugeben und kurz mitdünsten. Mit Brühe und Weißwein ablöschen. Zugedeckt 8–10 Min. bei schwacher Hitze dünsten und die Spargelköpfe nach 5 Min. Garzeit zugeben.

3 | Inzwischen den Schinken vom Fettrand befreien, in feine Streifen schneiden. Basilikum waschen und trockenschütteln, die Blätter in Streifen schneiden. Schinken und Basilikum mit der Crème fraîche unter den Spargel rühren, kurz offen ziehen lassen, salzen und pfeffern.

➤ Passt zu: Spaghetti oder Tagliatelle

preiswert

Brokkoli-Haselnuss-Sauce

FÜR 4 PERSONEN

- **100 g Haselnusskerne**
- **500 g Brokkoli**
- **1 l Gemüsebrühe**
- **1 Zwiebel**
- **1 rote Chilischote**
- **2 EL Olivenöl**
- **100 g Mascarpone**
- **Salz | Pfeffer**
- **Muskatnuss, frisch gerieben**

Zubereitung: 35 Min.

➤ Pro Portion ca.: 395 kcal

1 | Den Backofen auf 220° vorheizen. Die Haselnüsse darin auf dem Blech (Mitte) 3–5 Min. rösten. Abkühlen lassen und die Häutchen abreiben, die Nüsse grob mahlen.

2 | Den Brokkoli waschen, putzen, in Röschen brechen, die Stiele in Stifte schneiden. Brühe erhitzen, Brokkolistiele darin 5 Min. zugedeckt kochen, die Röschen zugeben und weitere 5–8 Min. kochen, bis die Röschen weich sind.

3 | Inzwischen die Zwiebel schälen und fein würfeln. Die Chilischote entkernen und fein hacken. Das Öl erhitzen, die Zwiebelwürfel darin braun dünsten, Chili zugeben und kurz mitdünsten.

4 | Brokkoli abgießen, die Brühe auffangen. Brokkoli mit Chili-Zwiebeln und 150 ml Brühe pürieren. Mascarpone und Haselnüsse unterrühren, kurz erwärmen und mit Salz, Pfeffer und Muskat würzen.

➤ Passt zu: Spaghetti oder Makkaroni

im Bild vorne: **Brokkoli-Haselnuss-Sauce** *im Bild hinten:* **Spargel-Schinken-Sauce** ➤

sahnig | herbstlich

Schwammerlsauce

FÜR 4 PERSONEN

- **25 g getrocknete Steinpilze**
- **500 g gemischte Pilze (z. B. Pfifferlinge, Champignons, Steinpilze)**
- **100 g Schwarzwälder Schinken**
- **2 Schalotten**
- **1 EL Butterschmalz**
- **Salz | Pfeffer**
- **250 g Sahne**
- **1/2 TL gekörnte Brühe**
- **1/2 Bund Petersilie**
- **1 EL Cognac (nach Belieben)**

Zubereitung: 30 Min.

Pro Portion ca.: 350 kcal

1 | Die Steinpilze 10 Min. in heißem Wasser einweichen. Die frischen Pilze putzen, in Scheiben oder Streifen schneiden. Den Schinken fein würfeln. Die Schalotten schälen und fein hacken.

2 | Butterschmalz in einer Pfanne erhitzen, Schinken und Schalotten darin leicht braun dünsten. Die frischen Pilze zugeben, 3 Min. unter Rühren anbraten, salzen, pfeffern und mit der Sahne ablöschen.

3 | Die eingeweichten Pilze abgießen, hacken und mit der gekörnten Brühe in die Sauce rühren. Offen bei schwacher Hitze etwa 15 Min. einköcheln lassen. Petersilie waschen und trockenschütteln, die Blätter fein hacken. Mit dem Cognac unter die Sauce rühren, kurz ziehen lassen.

➤ Passt zu: Reginette, Farfalle oder Spätzle

preiswert | würzig

Roquefort-Sellerie-Sauce

FÜR 4 PERSONEN

- **400 g Knollensellerie**
- **3/4 l Gemüsebrühe**
- **1 Stängel Selleriegrün**
- **200 g Roquefort-Käse (ersatzweise anderer Blauschimmelkäse)**
- **150 g Sahne**
- **2 EL Vermouth, z. B. Martini (nach Belieben)**
- **1 TL Zitronensaft**
- **Salz | Pfeffer**
- **Muskatnuss, frisch gerieben**
- **2 EL gehackte Walnusskerne**

Zubereitung: 30 Min.

Pro Portion ca.: 395 kcal

1 | Die Sellerieknolle schälen, waschen und klein würfeln. In der Gemüsebrühe bei mittlerer Hitze zugedeckt in 15–20 Min. weich kochen. Inzwischen das Selleriegrün waschen und in feine Streifen schneiden.

2 | Den Sellerie abgießen, die Brühe auffangen. Den Roquefort klein würfeln. Die Sahne mit 100 ml Brühe erhitzen, den Käse unter Rühren bei kleiner Hitze darin schmelzen. Einige Selleriewürfel beiseite legen, den Rest mit der Sauce pürieren.

3 | Die Sauce mit Vermouth, Zitronensaft, Salz, Pfeffer und Muskat würzen. Walnüsse, restliche Selleriewürfel und Selleriegrün unter die Sauce mischen.

➤ Passt zu: Makkaroni oder Bandnudeln

im Bild vorne: Schwammerlsauce *im Bild hinten:* Roquefort-Sellerie-Sauce ➤

mild | preiswert

Möhren-Orangen-Sauce

FÜR 4 PERSONEN

- **750 g Möhren**
  1 Zwiebel
  1/2 TL Korianderkörner
  3 Orangen
  2 EL Butterschmalz
  Salz | Pfeffer
  400 ml Gemüsebrühe
  75 g Pistazien
  100 g Sahne

Zubereitung: 55 Min.
- Pro Portion ca.: 325 kcal

1 | Die Möhren waschen, schälen, putzen und in dünne Scheiben schneiden. Die Zwiebel schälen und würfeln. Die Korianderkörner im Mörser grob zerstoßen oder mit dem Messerrücken zerdrücken. Die Orangen auspressen.

2 | Butterschmalz in einem Topf erhitzen, die Zwiebel darin glasig dünsten. Möhren zugeben und unter Rühren bei großer Hitze 3 Min. anbraten. Korianderkörner hinzufügen, salzen, pfeffern und mit der Brühe ablöschen. Zugedeckt bei mittlerer Hitze 20–25 Min. köcheln lassen, dabei nach und nach den Orangensaft zugießen.

3 | Die Pistazien grob hacken. Die Sahne zur Sauce geben, kurz erwärmen. Die Sauce pürieren, mit Salz und Pfeffer abschmecken und mit den Pistazien bestreuen.

- Passt zu: Fusilli, Farfalle oder Makkaroni

sommerlich

Petersilien-Zucchini-Sauce

FÜR 4 PERSONEN

- **5 EL Butter**
  500 g Zucchini
  2 Bund Petersilie
  100 ml Hühnerbrühe
  100 ml Weißwein (ersatzweise Brühe)
  2 EL Olivenöl
  1 Knoblauchzehe
  2 TL frisch gepresster Zitronensaft
  Salz | Pfeffer

Zubereitung: 25 Min.
- Pro Portion ca.: 235 kcal

1 | Die Butter würfeln, in Folie wickeln und ins Tiefkühlfach legen. Die Zucchini waschen, putzen, längs halbieren und in dünne Scheiben schneiden. Die Petersilie waschen, trockenschütteln und mit den Stielen grob zerschneiden.

2 | Brühe und Weißwein in einem Topf bei großer Hitze 5–10 Min. auf die Hälfte einkochen lassen.

3 | Inzwischen das Öl in einer Pfanne erhitzen, die Zucchini anbraten. Knoblauch schälen und dazupressen. Unter Rühren in 5–7 Min. leicht braun braten, mit Zitronensaft, Salz und Pfeffer würzen.

4 | Die Petersilie zur reduzierten Sauce geben und alles fein pürieren. Die kalte Butter nach und nach mit dem Pürierstab oder Mixer unterschlagen. Mit Salz und Pfeffer abschmecken, die Zucchini hineingeben.

- Passt zu: Farfalle oder Fusilli

im Bild vorne: **Möhren-Orangen-Sauce** *im Bild hinten:* **Petersilien-Zucchini-Sauce** ➤

herbstlich | würzig

Kürbissauce

FÜR 4 PERSONEN

➤ **800 g Kürbis (z. B. Hokkaido- oder Moschuskürbis)**
1 Zwiebel
6 Zweige Thymian
2 EL Olivenöl
250 ml Gemüsebrühe
1 Lorbeerblatt
1 EL gemahlener Kreuzkümmel
100 g schwarze Oliven
2 EL Weißweinessig
1 EL Honig
Salz | Pfeffer

◷ Zubereitung: 40 Min.
➤ Pro Portion ca.: 135 kcal

1 | Den Kürbis schälen, das faserige Innere entfernen, in 2 cm große Würfel schneiden. Die Zwiebel schälen und würfeln. Thymian waschen, die Blättchen hacken.

2 | Das Öl in einem Topf erhitzen, die Zwiebel darin andünsten. Den Kürbis hinzufügen, kurz mitdünsten und mit Brühe ablöschen. Lorbeerblatt, Kreuzkümmel und Thymian zugeben und zugedeckt bei mittlerer Hitze in 15–20 Min. weich kochen.

3 | Inzwischen die Oliven von den Steinen schneiden und grob hacken. Essig zum Kürbis geben, 1 Min. köcheln lassen, den Honig hinzufügen. Die Sauce nach Belieben pürieren, Oliven untermischen, salzen und pfeffern.

➤ Passt zu: Rigatoni oder Penne

ungewöhnlich

Rote-Beten-Sauce mit Mohn

FÜR 4 PERSONEN

➤ **600 g Rote Beten**
1 EL gekörnte Gemüsebrühe
1 Lorbeerblatt
je 1/2 EL getrockneter Majoran und Bohnenkraut
2 EL Weißweinessig
3 Frühlingszwiebeln
3 EL Butter
3 EL Mohnsamen
150 g saure Sahne
Salz | Pfeffer

◷ Zubereitung: 20 Min.
◷ Garzeit: 1 Std.
➤ Pro Portion ca.: 175 kcal

1 | Die Roten Beten waschen, schälen (Gummihandschuhe verwenden!) und 1 cm groß würfeln. 3/4 l Wasser zum Kochen bringen. Die Roten Beten mit Brühe, Lorbeerblatt, Majoran und Bohnenkraut darin bei mittlerer Hitze zugedeckt in ca. 1 Std. weich kochen; kurz vor Garzeitende den Essig zugeben.

2 | Die Frühlingszwiebeln waschen, putzen und mit dem Grün in feine Ringe schneiden. Die Butter in einer Pfanne schmelzen, den Mohn darin 2 Min. unter Rühren rösten und zu den Roten Beten geben.

3 | Lorbeerblatt entfernen, die Roten Beten pürieren. Saure Sahne und 3/4 der Frühlingszwiebeln unterrühren, mit Salz und Pfeffer abschmecken und mit den restlichen Zwiebelringen bestreuen.

➤ Passt zu: Vollkornmakkaroni oder Vollkornpenne (besonders Buchweizennudeln) oder Spätzle

◄ *im Bild vorne:* **Rote-Beten-Sauce mit Mohn** *im Bild hinten:* **Kürbissauce**

exotisch

Indische Spinatsauce

FÜR 4 PERSONEN

- **1 Zwiebel**
- **1 Knoblauchzehe**
- **1 Stück frischer Ingwer (etwa 1 cm)**
- **2 EL Butterschmalz**
- **je 1/2 TL Chili-, Kurkuma-, Koriander- und Kreuzkümmelpulver (ersatzweise 2 TL Currypulver)**
- **300 g gehackter TK-Spinat**
- **3 EL Rosinen**
- **Salz**
- **1/4 l Gemüsebrühe**
- **150 g Frischkäse**

Zubereitung: 35 Min.

➤ Pro Portion ca.: 205 kcal

1 | Die Zwiebel und den Knoblauch schälen und fein würfeln. Den Ingwer schälen und fein hacken.

2 | Das Butterschmalz in einem Topf erhitzen, Zwiebel, Knoblauch und Ingwer darin unter Rühren braun braten. Chili, Kurkuma, Koriander und Kreuzkümmel zugeben und unter Rühren 1–2 Min. anrösten.

3 | Den unaufgetauten Spinat und die Rosinen hinzufügen, kräftig salzen. Brühe zugießen und bei mittlerer Hitze 15 Min. zugedeckt garen.

4 | Den Frischkäse unter die Spinatsauce rühren und weitere 3–5 Min. bei kleiner Hitze köcheln lassen.

➤ Passt zu: Farfalle oder Gnocchi

deftig

Paprika-Pfeffer-Sauce

FÜR 4 PERSONEN

- **je 1 gelbe und rote Paprikaschote**
- **1 Zwiebel**
- **80 g durchwachsener Räucherspeck**
- **2 Tomaten**
- **1 EL Olivenöl**
- **Salz**
- **Pfeffer**
- **1 EL Tomatenmark**
- **1/2 TL getrockneter Thymian**
- **150 ml Gemüsebrühe**
- **1 EL eingelegte grüne Pfefferkörner**
- **1/2 Bund Petersilie**

Zubereitung: 35 Min.

➤ Pro Portion ca.: 160 kcal

1 | Die Paprikaschoten putzen, waschen und in 1 cm große Würfel schneiden. Die Zwiebel schälen und hacken, den Speck ohne Schwarte klein würfeln. Die Tomaten waschen und in kleine Würfel schneiden, dabei den Stielansatz entfernen.

2 | Das Öl in einem Topf erhitzen, Zwiebel und Speck darin hellbraun anbraten. Paprikaschoten zugeben, unter Rühren 1 Min. mitbraten. Salzen und pfeffern und das Tomatenmark unterrühren. Tomaten, Thymian und Brühe hinzufügen, offen etwa 15 Min. bei kleiner Hitze köcheln lassen.

3 | Die eingelegten Pfefferkörner abgießen und grob hacken. Zur Sauce geben und 2 Min. mitkochen. Die Petersilie waschen und trockenschütteln, die Blätter hacken und vor dem Servieren untermischen.

➤ Passt zu: Penne oder Rigatoni

im Bild vorne: **Paprika-Pfeffer-Sauce** *im Bild hinten:* **Indische Spinatsauce** ➤

mediterran

Sizilianische Gemüsesauce

FÜR 4 PERSONEN

- 1 Aubergine (ca. 300 g)
- 2 Stangen Staudensellerie
- 1 große Zwiebel
- 1 Knoblauchzehe
- 6 grüne Oliven (ohne Stein)
- 5 EL Olivenöl
- Salz | Pfeffer
- 600 g stückige Tomaten (Dose)
- 1 EL Kapern
- 1/2 Bund Basilikum
- 2 EL Weißweinessig
- 1 TL Zucker
- 1 EL Pinienkerne

Zubereitung: 40 Min.
Pro Portion ca.: 195 kcal

1 | Die Aubergine waschen und in 1 cm große Würfel schneiden. Den Sellerie waschen, putzen und in dünne Scheiben schneiden. Zwiebel und Knoblauch schälen und hacken. Oliven grob hacken.

2 | Das Öl in einer großen Pfanne erhitzen, die Auberginenwürfel darin 5 Min. anbraten. Sellerie, Zwiebel und Knoblauch zugeben, kurz mitbraten. Salzen und pfeffern, Tomaten, Oliven und Kapern hinzufügen und zugedeckt bei kleiner Hitze 20–25 Min. köcheln lassen.

3 | Basilikum waschen und trockenschütteln, die Blätter fein schneiden, mit Essig und Zucker unter die Sauce rühren. Mit Salz und Pfeffer abschmecken und mit den Pinienkernen bestreuen.

Passt zu: Rigatoni oder Penne

Klassiker auf neue Art

Sojanese

FÜR 4 PERSONEN

- 1 Zwiebel
- 1 Knoblauchzehe
- je 1 kleine gelbe und rote Paprikaschote
- 1 rote Chilischote
- 8 Zweige Thymian
- 2 EL Olivenöl
- 1 Dose stückige Tomaten (400 g)
- Salz | Pfeffer
- 1 Dose Mais (280 g)
- 100 g mit Paprika gefüllte Oliven
- 150 ml Gemüsebrühe
- 100 g Sojaschrot (Reformhaus)

Zubereitung: 50 Min.
Pro Portion ca.: 220 kcal

1 | Die Zwiebel und den Knoblauch schälen und hacken. Die Paprikaschoten putzen, waschen und 1 cm groß würfeln. Die Chilischote entkernen und fein hacken. Den Thymian waschen, die Blättchen hacken.

2 | Das Öl in einem Topf erhitzen, Zwiebel und Knoblauch darin andünsten. Paprikawürfel und Chili zugeben und 2 Min. mitdünsten. Tomaten und Thymian unterrühren, salzen und pfeffern und 15 Min. bei kleiner Hitze zugedeckt garen.

3 | Den Mais abtropfen lassen. Oliven in Ringe schneiden. Brühe, Mais, Oliven und Sojaschrot unter die Sauce rühren, weitere 10–12 Min. offen köcheln lassen.

Passt zu: Makkaroni

im Bild vorne: **Sizilianische Gemüsesauce** *im Bild hinten:* **Sojanese**

Mit Fisch und Fleisch

Feine Fischsaucen machen Nudeln zum Sonntagsmenü, vor allem, wenn edle Zutaten wie Lachs, Krabben oder Muscheln mit im Spiel sind. Aber auch Fleischsaucen wie die Kalbfleisch-Radicchio-Sauce, die Safran-Hähnchen-Sauce oder die Maronen-Wild-Sauce machen Nudeln feiertagsfein. Bodenständig deftig dagegen präsentieren sich kräftige Ragouts und die klassische Bologneser Sauce, die tolle Sattmacher für jeden Tag sind.

Blitzrezepte

Leber-Balsamico-Sauce

FÜR 4 PERSONEN

➤ **500 g Geflügelleber | 1 EL Mehl**
15 Salbeiblättchen | 3 EL Butter
Salz | Pfeffer | 3 EL Aceto balsamico
5 EL Portwein (ersatzweise roter Traubensaft) | 1 EL saure Sahne

1 | Die Leber von Sehnen und Häutchen befreien, in schmale Streifen schneiden und mit dem Mehl bestäuben. Salbei in breite Streifen schneiden.

2 | Butter in einer Pfanne erhitzen, Salbei darin leicht braun braten, herausnehmen. Leber in der Pfanne 2–3 Min. braten, salzen und pfeffern. Mit Aceto balsamico und Portwein ablöschen, 1–2 Min. ziehen lassen. Saure Sahne und Sabei einrühren.

Räucherlachssauce

FÜR 4 PERSONEN

➤ **1 Bund Frühlingszwiebeln**
2 EL Butterschmalz | 70 ml Weißwein (ersatzweise Gemüsebrühe)
150 g Räucherlachs in Scheiben
1/2 Bund Dill | 150 g saure Sahne
Salz | Pfeffer

1 | Frühlingszwiebeln waschen, putzen und in feine Ringe schneiden. Butterschmalz in einem Topf erhitzen, Frühlingszwiebeln darin kurz andünsten, Wein zugießen und bei kleiner Hitze 2–3 Min. offen köcheln lassen.

2 | Lachs in schmale Streifen schneiden. Dill waschen und fein hacken. Beides mit der Sahne unter die Sauce rühren, 2 Min. ziehen lassen, salzen und pfeffern.

edel | für Gäste

Prosecco-Lachs-Sauce

FÜR 4 PERSONEN

- 400 g Lachsfilet
  Saft und abgeriebene Schale von 1/2 unbehandelten Limette
  2 Schalotten
  2 EL Butterschmalz
  200 g Sahne
  1/8 l Prosecco
  100 ml Fischfond
  6 Kirschtomaten
  2 Stängel Basilikum
  Salz | Pfeffer

Zubereitung: 40 Min.
- Pro Portion ca.: 440 kcal

1 | Den Lachs waschen und abtrocknen, in 2 cm große Würfel schneiden und mit Limettensaft und -schale mischen. Die Schalotten schälen und fein würfeln.

2 | Das Butterschmalz erhitzen, die Schalotten darin glasig dünsten, mit Sahne, Prosecco und Fischfond ablöschen und bei großer Hitze in etwa 15 Min. auf etwa 2/3 einkochen lassen.

3 | Inzwischen die Tomaten waschen und vierteln. Das Basilikum waschen, die Blätter in Streifen schneiden.

4 | Lachs in die Sauce geben und bei kleiner Hitze in 5 Min. gar ziehen lassen, salzen und pfeffern. Tomaten und Basilikum unterrühren und kurz warm werden lassen. Vor dem Servieren eventuell noch einen Schuss Prosecco hinzufügen.

- Passt zu: Trenette oder Tagliatelle

mediterran

Muschelsauce

FÜR 4 PERSONEN

- 1 kg Vongole (Venusmuscheln)
  2 Stangen Staudensellerie
  3 Tomaten
  1 rote Chilischote
  1 Knoblauchzehe
  1 EL Olivenöl
  Salz | Pfeffer
  1/8 l Weißwein
  1/8 l Fischfond
  1/2 Bund Petersilie
  2 EL Pernod
  50 ml Sahne

Zubereitung: 30 Min.
- Pro Portion ca.: 115 kcal

1 | Die Muscheln gründlich waschen, offene und beschädigte Exemplare wegwerfen. Sellerie und Tomaten waschen, putzen und fein würfeln. Die Chilischote entkernen, den Knoblauch schälen und beides hacken.

2 | Das Öl in einem großen Topf erhitzen, den Sellerie darin in 2–3 Min. andünsten. Knoblauch und Chili zugeben und weitere 2 Min. dünsten. Salzen, pfeffern und mit Wein und Fond ablöschen. Muscheln und Tomaten hinzufügen und bei starker Hitze zugedeckt 5 Min. garen, ab und zu den Topf rütteln.

3 | Die Petersilie waschen und trockenschütteln, die Blättchen fein hacken. Mit Pernod und Sahne unterrühren, noch 2 Min. ziehen lassen. Ungeöffnete Muscheln entfernen.

- Passt zu: Spaghetti oder Capellini

im Bild vorne: **Muschelsauce** *im Bild hinten:* **Prosecco-Lachs-Sauce**

orientalisch

Marokkanische Fischsauce

FÜR 4 PERSONEN

- **1 Zwiebel**
- **1 Knoblauchzehe**
- **1/2 Bund Petersilie**
- **1/3 Bund Koriandergrün**
- **1 TL gemahlener Kreuzkümmel**
- **je 1/2 TL Chilipulver und edelsüßes Paprikapulver**
- **12 Safranfäden**
- **Saft und abgeriebene Schale von 1 unbehandelten Zitrone**
- **4 EL Olivenöl**
- **350 g Fischfilet (z. B. Seelachs)**
- **1 Dose stückige Tomaten (400 g)**
- **Salz | Pfeffer**

Zubereitung: 1 Std.

➤ Pro Portion ca.: 185 kcal

1 | Zwiebel und Knoblauch schälen und fein würfeln. Petersilie und Koriander waschen und trockenschütteln, die Blättchen fein hacken. 1 EL davon beiseite legen, den Rest mit Knoblauch, den Gewürzen, Zitronensaft und -schale und 2 EL Öl mischen.

2 | Den Fisch abwaschen und abtrocknen. In 2 cm große Würfel schneiden und mit dem Gewürz-Kräuter-Öl mischen.

3 | Das übrige Öl erhitzen, die Zwiebel darin andünsten. Tomaten zugeben, salzen und pfeffern und bei mittlerer Hitze etwa 20 Min. köcheln lassen. Den Fisch samt Marinade in die Sauce geben und 10–15 Min. offen bei kleiner Hitze garen (der Fisch kann ruhig zerfallen). Die übrigen Kräuter unterrühren.

➤ Passt zu: Penne oder Spirali

exotisch

Mango-Krabben-Sauce

FÜR 4 PERSONEN

- **1 reife Mango (ca. 350 g)**
- **1 Zwiebel**
- **2 Stängel Zitronengras**
- **2 El Olivenöl**
- **1 Dose stückige Tomaten (400 g)**
- **Salz | Pfeffer**
- **2 EL Noilly Prat (Vermouth; ersatzweise Limettensaft)**
- **1 TL brauner Zucker**
- **1 TL Sambal oelek**
- **1/2 Bund Koriandergrün**
- **250 g vorgegarte, geschälte Grönlandkrabben**

Zubereitung: 50 Min.

➤ Pro Portion ca.: 175 kcal

1 | Die Mango schälen, das Fruchtfleisch vom Stein schneiden und etwa 1,5 cm groß würfeln. Die Zwiebel schälen und würfeln. Die äußeren Blätter und den Stielansatz des Zitronengrases entfernen, die unteren 10 cm ganz fein hacken.

2 | Das Öl in einem Topf erhitzen, die Zwiebel darin andünsten. Tomaten, Zitronengras und Mango zugeben, salzen und pfeffern und zugedeckt 20 Min. bei kleiner Hitze garen. Noilly Prat, Zucker und Sambal oelek unterrühren und weitere 5 Min. köcheln lassen.

3 | Inzwischen das Koriandergrün waschen und fein hacken. Mit den Krabben unter die fertige Sauce rühren und nur kurz erwärmen.

➤ Passt zu: Spaghetti

im Bild vorne: **Mango-Krabben-Sauce** *im Bild hinten:* **Marokkanische Fischsauce** ➤

schnell | preiswert

Garnelen-Curry-Sahne

FÜR 4 PERSONEN

- **1 Möhre**
- **60 g Knollensellerie**
- **60 g Lauch**
- **2 EL Butterschmalz**
- **200 g Sahne**
- **100 ml Fischfond**
- **2 TL Currypulver**
- **Salz | Pfeffer**
- **1/2 Bund Dill**
- **300 g vorgegarte, geschälte Garnelen**
- **2 EL Crème fraîche**

Zubereitung: 30 Min.
➤ Pro Portion ca.: 320 kcal

1 | Die Möhre und den Sellerie schälen, waschen und in 3 cm lange, streichholzförmige Stifte (Julienne) schneiden. Den Lauch längs aufschneiden, gründlich waschen und ebenfalls in Julienne schneiden.

2 | Das Butterschmalz in einem Topf erhitzen, das Gemüse darin unter Rühren 3 Min. andünsten. Mit Sahne und Fischfond ablöschen, mit Curry, Salz und Pfeffer würzen und bei mittlerer Hitze zugedeckt 10–15 Min. köcheln lassen (das Gemüse sollte nicht zu weich werden).

3 | Inzwischen den Dill waschen, trockenschütteln und fein hacken. Die Garnelen zur Sauce geben und kurz erwärmen. Dill und Crème fraîche unterrühren und sofort servieren.

➤ Passt zu: Tagliatelle oder Bandnudeln

exotisch | scharf

Kokos-Meeresfrüchte-Sauce

FÜR 4 PERSONEN

- **200 g TK-Meeresfrüchte**
- **250 ml Kokosmilch**
- **1–2 TL thailändische gelbe Currypaste**
- **100 g Sahne**
- **1/4 TL Kurkumapulver**
- **6 Kaffirlimettenblätter (Asienladen)**
- **1 rote Zwiebel**
- **100 g Thai-Spargel**
- **8 Kirschtomaten**
- **2 EL Fischsauce**
- **1/2 TL Zucker**

Zubereitung: 30 Min.
➤ Pro Portion ca.: 150 kcal

1 | Die Meeresfrüchte aus dem Tiefkühlfach nehmen. Die Hälfte der Kokosmilch in einem Topf erhitzen, die Currypaste darin auflösen. Restliche Kokosmilch, Sahne, Kurkuma und Limettenblätter zugeben und bei mittlerer Hitze 10 Min. offen leicht einkochen lassen.

2 | Inzwischen die Zwiebel schälen, längs halbieren und in feine Streifen schneiden. Den Spargel waschen und in etwa 3 cm lange Stücke schneiden. Die Tomaten waschen und vierteln.

3 | Die Sauce mit Fischsauce und Zucker abschmecken, angetaute Meeresfrüchte, Zwiebel und Spargel zugeben und 5–7 Min. bei kleiner Hitze zugedeckt garen. Tomaten unterrühren und weitere 3–5 Min. köcheln lassen.

➤ Passt zu: Tagliatelle oder Glasnudeln

im Bild vorne: **Garnelen-Curry-Sahne** *im Bild hinten:* **Kokos-Meeresfrüchte-Sauce** ➤

Klassiker

Bologneser Sauce

FÜR 4 PERSONEN

- **1 Zwiebel**
- **1 Knoblauchzehe**
- **1 Möhre**
- **1 Stange Staudensellerie**
- **80 g durchwachsener Speck**
- **2 EL Olivenöl**
- **350 g Rinderhackfleisch**
- **2 EL Tomatenmark**
- **Salz | Pfeffer**
- **1 TL getrockneter Oregano**
- **3 Zweige Thymian**
- **1 Lorbeerblatt**
- **1/8 l Rotwein (ersatzweise Rinderbrühe)**
- **1 Dose Tomaten (400 g)**

Zubereitung: 15 Min.
Garzeit: 1 Std. 30 Min.
Pro Portion ca.: 415 kcal

1 | Zwiebel und Knoblauch schälen und hacken. Die Möhre schälen, den Sellerie putzen, beides fein würfeln. Den Speck ohne Schwarte klein würfeln.

2 | Das Öl in einem Topf erhitzen und alles Vorbereitete darin 2–3 Min. andünsten. Hackfleisch zugeben und unter Rühren anbraten, bis es krümelig ist. Das Tomatenmark unterrühren, mit Salz, Pfeffer und Oregano würzen. Thymian, Lorbeerblatt und Wein hinzufügen.

3 | Die Tomaten mit einem Messer in der Dose grob zerteilen und mit dem Saft zum Fleisch geben. Bei kleiner Hitze zugedeckt in 1 Std. 30 Min. sämig einkochen lassen. Gelegentlich umrühren und eventuell ab und zu etwas Wein oder Brühe nachgießen. Mit Salz und Pfeffer abschmecken.

➤ Passt zu: Makkaroni oder Spaghetti

Klassiker auf neue Art

Carbonara-Lauch-Sauce

FÜR 4 PERSONEN

- **80 g durchwachsener Speck**
- **1 Stange Lauch**
- **1 Knoblauchzehe**
- **1 EL Olivenöl**
- **4 sehr frische Eier**
- **6 EL Sahne**
- **Salz | Pfeffer**
- **100 g Parmesan, frisch gerieben**

Zubereitung: 25 Min.
Pro Portion ca.: 410 kcal

1 | Den Speck ohne Schwarte klein würfeln. Den Lauch putzen, längs aufschneiden, gründlich waschen und in feine Ringe schneiden. Den Knoblauch schälen und grob hacken.

2 | Das Öl in einer Pfanne erhitzen, den Speck darin knusprig ausbraten und herausnehmen. Im Bratfett Lauch und Knoblauch bei kleiner Hitze unter Rühren in 5–7 Min. leicht braun braten, warm stellen.

3 | Eier und Sahne mit etwas Salz und Pfeffer gut verquirlen, Parmesan unterrühren. Lauch, Speck und die Eier-Sahne-Mischung schnell in einer vorgewärmten Schüssel mit den heißen, gut abgetropften Nudeln mischen.

➤ Passt zu: Spaghetti

deftig | preiswert

Wurst-Zwiebel-Sauce

FÜR 4 PERSONEN

- 450 g rohe rheinische Bratwürste (ersatzweise ital. Salsicce)
  1 Knoblauchzehe
  2 Gemüsezwiebeln (ca. 200 g)
  3 EL Olivenöl
  350 ml Weißwein (ersatzweise Fleischbrühe)
  je 1/2 TL getrockneter Majoran und Oregano
  2 EL Kapern
  2 EL saure Sahne
  Salz | Pfeffer

Zubereitung: 25 Min.
- Pro Portion ca.: 490 kcal

1 | Die Wurstmasse aus der Haut pressen und mit einer Gabel zerdrücken. Den Knoblauch schälen. Die Zwiebeln schälen, halbieren und längs in dünne Spalten schneiden.

2 | Das Öl in einer Pfanne erhitzen, die Wurstmasse hineingeben, den Knoblauch dazupressen, unter Rühren in 2 Min. krümelig braten.

3 | Die Zwiebeln unterrühren, 1–2 Min. bei mittlerer Hitze mitbraten. Mit Weißwein ablöschen und mit Majoran und Oregano würzen. Kapern grob hacken und dazugeben. Offen bei kleiner Hitze 5 Min. köcheln lassen.

4 | Die saure Sahne unter die Sauce rühren und mit Salz und Pfeffer abschmecken.

- Passt zu: Casarecce, Conchiglie oder Penne

orientalisch | deftig

Lammhack-Dattel-Sauce

FÜR 4 PERSONEN

- 1 große Zwiebel
  2 Knoblauchzehen
  2 EL Olivenöl
  250 g Lammhackfleisch
  Salz | Pfeffer
  1 TL Zimtpulver
  je 1/4 TL Kreuzkümmel- und Korianderpulver
  1/2 TL edelsüßes Paprikapulver
  1 Dose stückige Tomaten (400 g)
  1 EL Tomatenmark
  100 ml Fleischbrühe
  6 getrocknete Datteln
  1 Dose Kichererbsen (240 g Abtropfgewicht)

Zubereitung: 15 Min.
Garzeit: 1 Std. 15 Min.
- Pro Portion ca.: 255 kcal

1 | Die Zwiebel und den Knoblauch schälen und fein würfeln. Das Öl in einer Pfanne erhitzen, die Zwiebel darin glasig andünsten. Hackfleisch und Knoblauch zugeben und unter Rühren in etwa 5 Min. krümelig und braun braten. Salz, Pfeffer und die Gewürze hinzufügen. Tomaten, Tomatenmark und Brühe unterrühren und bei kleiner Hitze zugedeckt etwa 1 Std. köcheln lassen.

2 | Inzwischen die Datteln halbieren, entkernen und in kleine Stücke schneiden. Die Kichererbsen in ein Sieb abgießen, kalt abbrausen und abtropfen lassen. Beides unter die Sauce mischen. Offen weitere 15 Min. köcheln lassen.

- Passt zu: Casarecce oder Penne

im Bild vorne: **Lammhack-Dattel-Sauce** *im Bild hinten:* **Wurst-Zwiebel-Sauce**

frühjahrsfrisch

Kalbsklößchensauce

FÜR 4 PERSONEN

- 2 Schalotten
- 500 g rohe Kalbsbratwürste (ersatzweise Kalbsbrät)
- 2 EL Butterschmalz
- 100 ml Weißwein (ersatzweise Fond + 2 EL Zitronensaft)
- 150 ml Kalbsfond
- 200 g Sahne
- je 40 g Kerbel, Sauerampfer und Estragon
- 1 EL Senf
- Salz | Pfeffer

Zubereitung: 30 Min.

Pro Portion ca.: 560 kcal

1 | Die Schalotten schälen und fein würfeln. Das Wurstbrät aus der Pelle drücken und zu walnussgroßen Bällchen formen.

2 | Das Butterschmalz in einer Pfanne erhitzen, die Brätbällchen darin in 3–5 Min. rundherum hellbraun anbraten, herausnehmen und beiseite stellen. Im Bratfett die Schalotten glasig dünsten. Den Wein, den Fond und die Sahne zugießen und offen bei mittlerer Hitze in 5–10 Min. einkochen lassen, bis die Sauce leicht cremig wird.

3 | Inzwischen die Kräuter waschen, trockenschütteln und fein hacken. Den Senf und die gehackten Kräuter in die Sauce rühren, die Brätklößchen zugeben und ca. 5 Min. bei kleiner Hitze offen köcheln lassen. Mit Salz und Pfeffer abschmecken.

Passt zu: grünen Tagliatelle, Bandnudeln oder Spätzle

für Gäste

Kalbfleisch-Radicchio-Sauce

FÜR 4 PERSONEN

- 300 g Kalbsschnitzel
- 1 kleine rote Zwiebel
- 3 EL Butterschmalz
- 200 g Sahne
- 100 ml Kalbsfond
- 400 g Radicchio
- Salz | Pfeffer
- 6 EL Portwein (ersatzweise roter Traubensaft)

Zubereitung: 30 Min.

Pro Portion ca.: 355 kcal

1 | Das Kalbfleisch in schmale Streifen schneiden. Die Zwiebel schälen und fein würfeln. 1 EL Butterschmalz in einem Topf erhitzen, die Zwiebel darin andünsten. Sahne und Fond angießen und offen bei mittlerer Hitze 15 Min. einkochen lassen.

2 | Inzwischen den Radicchio putzen, waschen, gut abtropfen lassen und in 1 cm breite Streifen schneiden. Das restliche Butterschmalz in einer großen Pfanne erhitzen, das Fleisch darin in 2–3 Min. rundherum anbraten, salzen und pfeffern. Den Radicchio zugeben und unter Rühren 2–3 Min. mitbraten.

3 | Die Sahnesauce zu dem Fleisch in die Pfanne gießen, den Portwein unterrühren. Zugedeckt bei kleiner Hitze 5 Min. köcheln lassen. Mit Salz und Pfeffer würzig abschmecken.

Passt zu: Bandnudeln oder Tagliatelle

im Bild vorne: **Kalbsklößchensauce** *im Bild hinten:* **Kalbfleisch-Radicchio-Sauce**

aus der Normandie

Calvados-Apfel-Sauce

FÜR 4 PERSONEN

- **3 Schalotten**
- **4 Zweige Thymian**
- **2 Zweige Rosmarin**
- **350 g Schweinefilet**
- **1 Apfel (z. B. Boskop)**
- **2 EL Butterschmalz**
- **Salz | Pfeffer**
- **100 ml Calvados (frz. Apfelbrand)**
- **200 g Sahne**
- **100 g Crème fraîche**

Zubereitung: 40 Min.
➤ Pro Portion ca.: 460 kcal

1 | Die Schalotten schälen und fein würfeln. Thymian und Rosmarin waschen, trockenschütteln, abzupfen und fein hacken. Das Fleisch in 2 cm große Würfel schneiden. Den Apfel schälen, vierteln, das Kerngehäuse entfernen und in 1 cm große Würfel schneiden.

2 | Butterschmalz in einer Pfanne erhitzen. Fleisch, Schalotten, Kräuter und Apfelstücke darin 2–3 Min. anbraten, salzen und pfeffern, herausnehmen. Den Bratensatz mit Calvados ablöschen, 2 Min. bei großer Hitze einkochen. Die Sahne zugießen und weitere 3 Min. einkochen lassen.

3 | Fleisch und Apfelwürfel in die Sauce geben, mit Salz und Pfeffer abschmecken. Offen bei mittlerer Hitze 3–5 Min. köcheln lassen und die Crème fraîche unterrühren.

➤ Passt zu: Bandnudeln

asiatisch

Chop-Suey-Sauce

FÜR 4 PERSONEN

- **250 g Schweineschnitzel**
- **1 Stück frischer Ingwer (etwa 2 cm)**
- **1/4 TL Sambal oelek**
- **3 EL Sojasauce**
- **2 TL Sesamwürzöl**
- **1 Möhre**
- **200 g Austernpilze**
- **1 Bund Frühlingszwiebeln**
- **1 TL Speisestärke**
- **1/4 l Fleischbrühe**
- **3 EL Erdnussöl**
- **Salz | Pfeffer**

Zubereitung: 25 Min.
Marinierzeit: 1 Std.
➤ Pro Portion ca.: 200 kcal

1 | Fleisch in dünne Streifen schneiden. Ingwer schälen und hacken, mit Sambal oelek, 1 EL Sojasauce und 1 TL Sesamwürzöl unter das Fleisch mischen. Zugedeckt 1 Std. kalt stellen.

2 | Die Möhre schälen und in feine Stifte schneiden. Austernpilze putzen, in Streifen schneiden. Frühlingszwiebeln waschen, den weißen Teil in breite Ringe, den grünen in Röllchen schneiden.

3 | Stärke, Brühe und restliche Sojasauce verrühren. 1 1/2 EL Erdnussöl im Wok (oder einer Pfanne) erhitzen, das Fleisch darin bei großer Hitze unter Rühren 2–3 Min. anbraten, herausnehmen. Restliches Erdnussöl erhitzen, Möhre, Pilze und weiße Zwiebelringe 2 Min. braten. Mit der Brühe ablöschen, Fleisch zugeben, 2–3 Min. köcheln lassen. Mit dem übrigen Sesamwürzöl, Salz und Pfeffer würzen und mit Zwiebelgrün bestreuen.

im Bild vorne: **Calvados-Apfel-Sauce** *im Bild hinten:* **Chop-Suey-Sauce** ➤

gut vorzubereiten

Griechische Lammsauce

FÜR 4 PERSONEN

- 400 g Lammfleisch (aus der Keule)
- 2 Knoblauchzehen
- 3 EL Öl
- 100 ml Rotwein (ersatzweise Fleischbrühe)
- 1 Dose stückige Tomaten (400 g)
- 1 rote Chilischote
- 1 Lorbeerblatt
- 1 Zimtstange
- 1 TL getrockneter Oregano
- Salz | Pfeffer
- 100 g Perlzwiebeln (aus dem Glas)

Zubereitung: 20 Min.
Garzeit: 1 Std.
Pro Portion ca.: 225 kcal

1 | Das Fleisch in mundgerechte Stücke schneiden. Den Knoblauch schälen und fein hacken. Das Öl in einer großen Pfanne erhitzen, Fleisch darin in 3–5 Min. rundherum anbraten, Knoblauch dazugeben und kurz mitbraten.

2 | Die Hälfte des Rotweins und die Tomaten zugeben. Die Chilischote anritzen und mit dem Lorbeerblatt, der Zimtstange und dem Oregano unter die Sauce rühren. Mit Salz und Pfeffer würzen, zugedeckt ca. 40 Min. bei kleiner Hitze köcheln lassen. Dabei ab und zu etwas Rotwein nachgießen.

3 | Die Perlzwiebeln in ein Sieb abgießen und unter die Sauce mischen. Weitere 20 Min. köcheln lassen.

Passt zu: Orechiette oder Makkaroni

fruchtig | schnell

Safran-Hähnchen-Sauce

FÜR 4 PERSONEN

- 400 g Hähnchenbrustfilet
- 1 Zwiebel
- 2 unbehandelte Orangen
- 1 Döschen Safran (0,1 g)
- 2 EL Olivenöl
- Salz | Pfeffer
- 150 g Sahne
- 150 ml Hühnerbrühe
- 1/4 Bund Estragon

Zubereitung: 25 Min.
Pro Portion ca.: 295 kcal

1 | Das Hähnchenfleisch in dünne Streifen schneiden. Die Zwiebel schälen und fein würfeln. Die Orangen heiß abwaschen und abtrocknen. Die Schale von 1 Orange abreiben, beide Früchte auspressen. Den Safran mit 3 EL heißem Wasser verrühren.

2 | Das Öl in einer Pfanne erhitzen. Das Fleisch darin unter Rühren in 2–3 Min. rundherum anbraten, salzen und pfeffern, herausnehmen.

3 | Die Zwiebel im Bratfett andünsten, mit Orangensaft ablöschen, kurz aufkochen. Sahne, Brühe, Safranwasser und Orangenschale zugeben. Offen bei großer Hitze 5 Min. einkochen lassen.

4 | Den Estragon waschen und fein hacken. Fleisch und Estragon in die Sauce geben und kurz erwärmen.

Passt zu: Pappardelle

im Bild vorne: **Safran-Hähnchen-Sauce** *im Bild hinten:* **Griechische Lammsauce**

exotisch | mild

Puten-Erdnuss-Sauce

FÜR 4 PERSONEN

- **250 g Putenbrustfilet**
- **1 Zwiebel**
- **2 Knoblauchzehen**
- **150 g Zuckerschoten**
- **3 EL Erdnussöl**
- **Salz | Pfeffer**
- **2 EL Ketjap manis (ersatzweise Sojasauce)**
- **2 EL Sherry (ersatzweise roter Traubensaft)**
- **200 ml Hühnerbrühe**
- **125 ml Kokosmilch**
- **3 EL Erdnussbutter**
- **3 EL Sweet-Chili-Sauce (Asienladen)**
- **3 EL Limettensaft**

Zubereitung: 40 Min.
Pro Portion ca.: 380 kcal

1 | Das Fleisch in Streifen schnetzeln. Zwiebel und Knoblauch schälen und hacken. Zuckerschoten waschen, putzen und quer halbieren.

2 | In einer Pfanne 2 EL Öl erhitzen und das Fleisch darin in 3–5 Min. rundherum anbraten, salzen und pfeffern. Ketjap manis, Sherry, 100 ml Brühe und Zuckerschoten zugeben, 3 Min. bei mittlerer Hitze köcheln lassen, vom Herd nehmen.

3 | Das restliche Öl in einem Topf erhitzen, Zwiebel und Knoblauch darin andünsten, mit Kokosmilch und restlicher Brühe ablöschen. Erdnussbutter, Sweet-Chili-Sauce und Limettensaft einrühren, 15 Min. offen köcheln lassen. Fleisch und Zuckerschoten samt Bratensauce unterrühren, noch 3 Min. mitköcheln lassen, evtl. mit Limettensaft abschmecken.

Passt zu: Tagliatelle oder Reisnudeln.

indisch | würzig

Tandoori-Hähnchen-Sauce

FÜR 4 PERSONEN

- **300 g Hähnchenbrustfilet**
- **8 EL Joghurt**
- **1 1/2 TL Tandoori-Pulver (Asienladen, ersatzweise Tandoori-Paste)**
- **1 Zwiebel**
- **1 Knoblauchzehe**
- **2 Tomaten | 1 EL Öl | Salz**
- **1/2 Bund Koriandergrün**

Zubereitung: 25 Min.
Marinierzeit: 4 Std.
Pro Portion ca.: 135 kcal

1 | Das Hähnchenfleisch in Streifen schnetzeln. 4 EL Joghurt mit dem Tandoori-Pulver verrühren, mit dem Fleisch mischen, etwa 4 Std. zugedeckt kalt stellen.

2 | Zwiebel und Knoblauch schälen. Die Tomaten waschen und fein würfeln.

3 | Das Öl in einem Topf erhitzen, Zwiebel und Knoblauch darin anbraten. Das Fleisch mit der Marinade und dem restlichen Joghurt dazugeben, sofort salzen und bei kleiner Hitze offen 3–5 Min. köcheln lassen, ab und zu umrühren (es sollte Brühe ziehen). Die Tomaten unterrühren, weitere 15 Min. zugedeckt bei kleiner Hitze garen. Das Koriandergrün waschen, hacken und untermischen.

Passt zu: Penne oder Rigatoni

im Bild vorne: **Puten-Erdnuss-Sauce** *im Bild hinten:* **Tandoori-Hähnchen-Sauce**

deftig | herbstlich

Maronen-Wild-Sauce

FÜR 4 PERSONEN

- **2 Zwiebeln**
- **500 g Reh- oder Hirschgulasch**
- **1 Zweig Rosmarin**
- **2 EL Butterschmalz**
- **1 EL Tomatenmark**
- **1/4 l Rotwein (ersatzweise Wildfond)**
- **600 ml Wildfond | Salz**
- **Pfeffer | 1 Prise Piment**
- **75 g Knollensellerie**
- **2 Möhren**
- **200 g vorgegarte Maronen (vakuumverpackt)**
- **3 EL Sahne**
- **2 EL Instant-Saucenbinder**

Zubereitung: 25 Min.
Garzeit: 50 Min.
➤ Pro Portion ca.: 535 kcal

1 | Die Zwiebeln schälen und würfeln. Das Fleisch evtl. kleiner in 2 cm große Würfel schneiden. Rosmarin waschen, die Nadeln fein hacken.

2 | Das Schmalz in einem Topf erhitzen. Fleisch darin bei großer Hitze in 2–3 Min. anbraten, Zwiebeln zugeben und 2–3 Min. mitdünsten. Tomatenmark unterrühren. Mit Rotwein und Fond ablöschen, mit Salz, Pfeffer, Piment und Rosmarin würzen. Bei kleiner Hitze offen 30 Min. köcheln lassen.

3 | Sellerie und Möhren schälen und fein würfeln. Zur Sauce geben, zugedeckt weitere 20 Min. garen.

4 | Die Maronen grob hacken und mit der Sahne hinzufügen. Saucenbinder einrühren und köcheln lassen, bis die Sauce andickt.

➤ Passt zu: Pappardelle, Reginette oder Spätzle

ungewöhnlich

Schoko-Rindfleisch-Sauce

FÜR 4 PERSONEN

- **500 g Rindergulasch**
- **1 Bund Suppengrün**
- **1 Zwiebel**
- **4 EL Butterschmalz**
- **300 ml Rotwein (ersatzweise Rinderbrühe)**
- **200 ml Rinderbrühe**
- **Salz | Pfeffer**
- **2 getrocknete Chilischoten**
- **75 g Zartbitterschokolade**
- **1 EL abgeriebene unbehandelte Orangenschale**
- **1 EL Aceto balsamico**

Zubereitung: 25 Min.
Garzeit: 1 Std. 25 Min.
➤ Pro Portion ca.: 400 kcal

1 | Das Gulasch evtl. kleiner in 2 cm große Würfel schneiden. Suppengrün waschen, putzen und fein würfeln. Zwiebel schälen und würfeln.

2 | Das Schmalz erhitzen, das Fleisch darin bei großer Hitze in 3–5 Min. anbraten, herausnehmen. Gemüse und Zwiebel im Bratfett andünsten, Fleisch, Rotwein und Brühe hinzufügen, Salz, Pfeffer und die zerbröselten Chilischoten zugeben. Bei kleiner Hitze zugedeckt 1 Std. schmoren.

3 | Die Schokolade zerbröckeln, mit Orangenschale und Essig zur Sauce geben und unter Rühren auflösen. Offen weitere 25 Min. köcheln lassen, salzen und pfeffern.

➤ Passt zu: Tagliatelle

im Bild vorne: **Maronen-Wild-Sauce** *im Bild hinten:* **Schoko-Rindfleisch-Sauce** ➤

Zum Gebrauch
Damit Sie Rezepte mit bestimmten Zutaten noch schneller finden können, stehen in diesem Register zusätzlich auch beliebte Zutaten wie **Auberginen** oder **Tomaten** – ebenfalls alphabetisch geordnet und **halbfett** gedruckt – über den entsprechenden Rezepten.

Die Autorin

Tanja Dusy lebt in München. Ihre Leidenschaft fürs Kochen brachte die Fernsehredakteurin über den Umweg der Vox-Sendung »Kochduell«, der Arbeit als freier Journalistin und als Köchin in einem Cateringbetrieb dazu, ihr Hobby endlich ganz zum Beruf zu machen. Seit Anfang 2001 ist Tanja Dusy Redakteurin im GRÄFE UND UNZER VERLAG.

Der Fotograf

Jörn Rynio arbeitet als Fotograf in Hamburg. Zu seinen Auftraggebern gehören nationale und internationale Zeitschriften, Buchverlage und Werbeagenturen. Aus seinem Studio stammen alle Fotos in diesem Band. Tatkräftig unterstützt wurde er dabei von seiner Foodstylistin Petra Speckmann.

Bildnachweis

Alle Bilder Jörg Rynio, Hamburg.

Gedruckt auf Primasilk 130 g/qm holzfrei matt gestrichen Bilderdruck, made by StoraEnso, geliefert von der Papier Union.

Programmleitung:
Doris Birk
Leitende Redakteurin:
Birgit Rademacker
Redaktion:
Stefanie Poziombka
Lektorat: Margit Proebst
Korrektorat: Susanne Elbert
Layout, Typografie und Umschlaggestaltung:
Independent Medien Design, München
Satz:
Uhl + Massopust, Aalen
Herstellung: Martina Müller
Reproduktion:
Repro Ludwig, Zell am See
Druck: Appl, Wemding
Bindung: Sellier, Freising

ISBN 3-7742-6600-X

Auflage	5.	4.	3.	2.
Jahr	2008	07	06	05

GRÄFE UND UNZER

Ein Unternehmen der
GANSKE VERLAGSGRUPPE

DAS ORIGINAL · MIT GARANTIE · GU

Das Original mit Garantie

Ihre Meinung ist uns wichtig. Deshalb möchten wir Ihre Kritik, gerne aber auch Ihr Lob erfahren. Um als führender Ratgeberverlag für Sie noch besser zu werden. Darum: Schreiben Sie uns! Wir freuen uns auf Ihre Post und wünschen Ihnen viel Spaß mit Ihrem GU-Ratgeber.

Unsere Garantie: Sollte ein GU-Ratgeber einmal einen Fehler enthalten, schicken Sie uns das Buch mit einem kleinen Hinweis und der Quittung innerhalb von sechs Monaten nach dem Kauf zurück. Wir tauschen Ihnen den GU-Ratgeber gegen einen anderen zum gleichen oder ähnlichen Thema um.

GRÄFE UND UNZER VERLAG
Redaktion
Kochen & Verwöhnen
Postfach 86 03 25
81630 München
Fax: 089/41981-113
e-mail: leserservice@graefe-und-unzer.de

NUDELN & PASTA

- Pasta aus Hartweizengrieß hat viel Biss und ist ideal für alle mediterranen Saucen, speziell auf Tomatengrundlage.
- Eiernudeln schmecken besonders fein zu sahnigen Saucen mit hellem Fleisch wie Geflügel oder Kalb.
- Frische Pasta aus dem Kühlregal ist die edle Alternative zur getrockneten Pasta.

Geling-Garantie für Nudeln und Saucen

NUDELN KOCHEN

- Wenn das Wasser richtig sprudelnd kocht, das Salz zugeben und erneut aufkochen lassen, dann erst die Nudeln zugeben. Zu Beginn einmal kräftig, später gelegentlich umrühren.
- Kein Öl ins Kochwasser geben!
- Vor Ablauf der Garzeit eine Bissprobe machen.
- Die fertigen Nudeln abgießen und abtropfen lassen, nicht abschrecken.

TOMATEN

- Ideal für Saucen sind natürlich sonnenreife frische Tomaten, am besten Eiertomaten: den Stielansatz entfernen, heiß überbrühen, häuten und entkernen.
- Ein guter, zeitsparender und speziell im Winter qualitativ oft besserer Ersatz sind Dosentomaten.

KÄSE

- Käse ist oft die Krönung auf der Nudelsauce, ausgenommen sind Fischsaucen, asiatische oder stark gewürzte Saucen.
- Ideale Käsesorten zum Frisch-über-die-Pasta-Reiben sind Parmesan und Pecorino, die sich am Stück in einer Plastikdose über Wochen im Kühlschrank lagern lassen.

GU KÜCHENRATGEBER

Neue Rezepte für den großen Kochspaß

ISBN 3-7742-4894-X

ISBN 3-7742-4886-9

ISBN 3-7742-4897-4

ISBN 3-7742-6617-4

ISBN 3-7742-6598-4

ISBN 3-7742-6336-1

64 Seiten, 7,50 € [D]

Das macht die GU Küchenratgeber zu etwas Besonderem:

- *Rezepte mit maximal 10 Hauptzutaten*
- *Blitzrezepte in jedem Kapitel*
- *alle Rezepte getestet*
- *Geling-Garantie durch die 10 GU-Erfolgstipps*

GU

Gutgemacht. Gutgelaunt.